경섭 쌤,
사회가
무예요?

경섭 쌤, 사회가 뭐예요?

2018년 2월 25일 1판 1쇄 발행

지은이 김경섭
펴낸이 백광균 | **펴낸곳** ㈜와이스쿨 | **등록** 제2013-000031호 | **주소** 서울특별시 성동구 아차산로 153
팩스 02-508-8204 | **문의 전화** 02-554-8204
이메일 whyschool@whyschool.kr | **블로그** blog.naver.com/whyschoolkr
트위터 twitter.com/WhySchool1318 | **페이스북** facebook.com/whyschool1318
ISBN 979-11-85306-58-2 73300
ⓒ 2018 ㈜와이스쿨

STAFF
편집 윤민혜·노보람·최창욱 | **디자인** 이정애·이보배 | **마케팅** 조민호 | **국제업무** 최고은·김혜진
홍보마케팅 박일성 | **제작** 정병문·신상덕·곽종수·홍예솔

이 책은 저작권법에 따라 보호받는 저작물이므로 무단 전재와 무단 복제를 금합니다.
이 책의 내용 일부를 사용하려면 반드시 저작권자와 ㈜와이스쿨의 서면 동의를 받아야 합니다.

경섭 쌤,
사회가
뭐예요?

김경섭 글 | 김영곤 그림

와이
스쿨

> 머리말

"세상은 넓고 사회는 재미있다!"
외우지 않고 이해하는 초등 사회 이야기

어떻게 해야 사회 공부를 잘할 수 있을까요? 초등학생 자녀를 둔 학부모님이나 학생들과 만나면 가장 많이 듣는 질문이 바로 사회 성적을 올릴 수 있는 방법에 대한 겁니다. 이건 쌤도 그만큼 정답을 찾으려고 끊임없이 고민했던 문제이고요. 사회 공부를 잘할 수 있는 방법, 사회 성적을 올릴 수 있는 수많이 방법들이 이미 다양한 책들을 통해 소개되어 있습니다. 하지만 아직까지 여러분이 '사회의 비법'을 찾고 있다면, 그건 이미 소개된 방법에 아쉬운 점이 있어서가 아닐까요?

'사회'는 우리가 사는 세상을 공부하는 과목입니다. 사람들이 속한 사회를 연구해 올바른 미래로 나아가도록 이끄는 학문이지요. '사회'를 배운다는 것은 이 세상이 어떻게 구성되어 있고, 어떤 방향으로 움직이는지, 사회 안에서 살고 있는 사람들의 다양한 생활 모습과 가치관이 어떠한지 공부하는 겁니다. 앞으로의 사회 변화를 예측하는 토대를 마련하는 일이기도 하지요. 그렇기에 단순히 암기하면 안 되고, 암기할 수도 없는 거지요. 우리는 우리가 사는 세상을 하나하나 외울 필요가 없습니다. 사람들의 다양한 가치관과 행동을 경험하고 이해하면 되는 거지요. 쌤이 사회 공부와 관련해서 가장 강조하는 점은 암기가 아니라 이해라는 겁니다.

사회를 이해하려면 충분한 배경지식을 갖춰야 한다는 말이 낯설지는 않을 거예요. 사회 시험에 어려움을 겪는 친구들도 배경지식을 넓히려고 여러 책들을 읽었을 겁니다. 하지만 여전히 사회 성적에 어려움을 겪고 있지요. 이건 책 자체의 문제는 아닐 겁니다. 다만 너무 광범위한 내용을 담고 있기에 교과서와 연관 짓기 어려워서일 거예요. 독서로 학교 성적이 향상되지 않으니까, 공부에 도움이 되지 않는다고 느끼는 거지요.

이 책은 교과서에 나오는 내용을 중점적으로 다루고 있습니다. 단순히 배경지식을 넓히려는 것이 아니라, 늘어난 지식만큼 성적에 반영될 수 있도록 제가 그동안 수업하면서 쌓은 다양한 공부법과 경험들을 알려 주고 있습니다.

저는 이 책으로 여러분들에게 '사회 공부의 즐거움'과 '성적 향상'이라는 두 마리 토끼를 선물해 주려고 합니다. 억지로 외우면 사회는 정말 재미없는 과목이 됩니다. 그리고 재미가 없으면 공부하기 싫어져요. 이 책을 통해 저와 이야기를 나누면, 자연스럽게 사회 공부의 이유와 즐거움을 알게 될 겁니다. 암기가 아닌 이해로 올바른 사회 학습법을 익혀 보자고요!

마지막으로 항상 곁에서 응원해 주는 사랑하는 아내 송수미 씨, 언젠가 이 책으로 사회를 공부하게 될 소중한 아들 김서율 군, 인생의 든든한 버팀목이 되어 주신 부모님께 사랑하고 고맙다는 말씀을 드리고 싶습니다.

2018년 3월에 김경섭

차례

머리말 "세상은 넓고 사회는 재미있다!" 외우지 않고 이해하는 초등 사회 이야기 4

① 교시 **산 넘고 강 건너 바다로! 사람과 자연이 어우러지는 삶의 터전**
환경의 의미 10

② 교시 **와글와글! 사람들이 모여 사는 다양한 생활 모습**
도시와 촌락 22

③ 교시 **넓고 넓은 세상에서 대한민국은 어디에 있을까?**
위치와 지도 읽기 36

④ 교시 **한강은 왜 동쪽에서 서쪽으로 흐를까?**
우리 국토의 자연환경 ① 지형 편 58

⑤ 교시 **겨울철에 동해안이 서해안보다 따뜻한 이유?**
우리 국토의 자연환경 ② 기후 편 74

⑥ 교시 **김밥을 먹을까, 떡볶이를 먹을까? - 생산과 소비**
경제 활동과 선택의 문제 94

7교시 행복해지기 위해 사람들은 어떻게 노력했을까?
경제 체제의 변천 과정과 우리 경제의 특징　110

 8교시 한강의 기적은 누가 이루었을까?
우리나라의 경제 성장과 무역　128

 9교시 경제가 성장하면 무조건 좋은 거 아닌가요?
경제 성장에 따른 사회 문제　142

 10교시 여러분, 우리 함께 모여 문제를 해결합시다!
민주주의의 의미와 기본 원리　154

 11교시 사람이 사람답게 사는 데 필요한 것들
민주주의의 이념과 국민의 권리　166

 12교시 풀뿌리가 모여서 나무가 되고 숲이 된다
지방 자치 제도의 의미와 운영 과정　176

 **13교시 내 의견을 정확히 표현하는 소중한 한 표!**
선거와 정치 참여의 중요성　186

부록 핵심 노트　196

산 넘고 강 건너 바다로!
사람과 자연이 어우러지는 삶의 터전

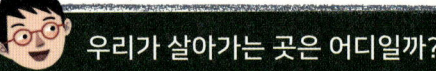 우리가 살아가는 곳은 어디일까?

환경의 의미

 우리가 가장 먼저 공부할 내용은 '환경'이에요. 책을 읽는 친구들 가운데 초등학교 5학년이나 6학년 학생들이 있나요? 그렇다면 환경이라는 용어를 처음 듣지는 않을 거예요. 보통은 4학년에, 조금 빠르면 3학년 때 배우는 내용이거든요.

 그렇다면 한번 대답해 볼래요? 환경은 무엇인가요? 눈을 감고 잠시 생각을 떠올린 다음 이야기해 봅시다.

 대답한 친구도 있고 대답하지 못한 친구도 있군요. 대답한 친구는 쌤이 정말 칭찬해 주고 싶어요. 하지만 대답하지 못했더라도 너무 속상해하지 마세요. 분명 학교에서 시험 문제로 나올 때는 맞췄을 거예요. 지금은 시간이 지나서 기억이 나지 않는 것뿐이죠.

 우리는 암기하고 시험 보는 사회 공부에 익숙해져 있습니다. 그래서 시험 볼 때까지는 알고 있고, 문제를 잘 풀었더라도 시간이 지나면 잊어버리게 돼요.

앞으로 쌤과 함께 초등학교 사회에 대한 여러 이야기를 나누게 될 거예요. 암기가 아닌 내용을 이해하는 사회 수업을 만들어 봅시다. 처음에는 어색하고 힘들 수도 있지만, 이 책을 읽으면서 함께 생각하고 고민하다 보면, 다 읽었을 즈음에는 분명 초등학교 사회에 대한 자신감과 올바른 학습법을 찾게 될 거랍니다.

본론으로 돌아와서 환경에 대해 이야기를 나눠 볼게요.
인간을 둘러싸고 있으면서 인간의 생활에 영향을 미치는 모든 것을 통틀어 환경이라고 부릅니다. 그런데 환경은 다시 두 가지로 구분이 됩니다. 바로 자연환경과 인문환경(교과서에서는 '인간이 만든 환경'으로 표현)이지요.

자연환경과 인문환경

환경을 자연환경과 인문환경으로 구분하는 기준은 무엇일까요? 오, 대답하는 친구들도 몇 명 보이네요. 열심히 공부했군요. 정말로 기특합니다.

대답한 것처럼 환경을 나누는 기준은 '인간의 의지'입니다. 인간의 의지가 반영되면 인문환경, 인간의 의지가 반영되지 않으면 자연환경이라고 생각하면 돼요. 조금 더 쉽게 표현하면, 인간의 의지가 반영된다는 건 사람이 만들었다는 뜻입니다. 사람이 만들면 인문환경, 사람이 만들지 않았으면 자연환경이 되는 거죠.

어때요? 이제 구분이 되나요? 이해가 되지 않더라도 걱정하지 마세

사회 과목을 공부하는 올바른 태도

여기서 한 가지 짚고 넘어갈 게 있어요. 첫 번째 수업이어서 우리 친구들에게 할 말이 참 많네요. 쌤은 단순히 교과 지식만을 전달하고 싶지는 않아요. 그래서 올바른 사회 수업과 사회 공부의 재미를 알려 주려다 보니 앞으로도 이런저런 이야기를 많이 하게 될 것 같아요. 우리 친구들이 기분 좋게 읽어 주면 좋겠습니다.

쌤이 하고 싶은 말은 이런 거예요. 지금까지 우리는 사회를 공부하는 과정에서 참 많은 것들을 나누고 분류해 왔어요. 조금 더 쉽게 공부하기 위한 방법인데, 쌤이 속상한 점은 대부분의 친구들이 단순히 분류된 결과만을 암기하는 데 급급하다는 것이랍니다.

예를 들어, '환경은 인문환경과 자연환경으로 구분됩니다'라고 수업을 하면, 학생들은 곧바로 받아 적고 암기를 합니다.

하지만 이런 방법은 좋지 않아요. 그냥 수동적으로 받아들이는 것이 아니라 '왜 두 가지로 구분하는 것일까?', '두 가지로 나누는 기준은 무엇일까?'라는 고민을 먼저 해야 한다고 봅니다. 구분하는 기준에 대해 먼저 고민한다면 배우고자 하는 내용에 대해 이해할 수 있는 첫걸음을 떼었다고 말할 수 있어요.

주변에 많은 선생님들이 말씀하시죠? 공부를 잘하는 방법 중 첫 번째는 바로 호기심이라고요! 이 책을 읽는 친구들도 앞으로는 항상 주의 깊게 살펴보았으면 좋겠어요. 쌤이 무엇인가를 나눈다고 한다면, 가장 먼저 생각할 부분은 그 결과가 아니라 기준이거든요.

요. 좀 더 설명해 줄 테니까요.

자연환경에 해당하는 가장 대표적인 요소 두 가지는 바로 지형과 기후랍니다.

지형이란

지형은 땅의 형태를 뜻해요. 형태라는 말이 어렵다면 모양이라고 생각하면 돼요. 땅의 모양을 지형이라고 부른답니다. 그래도 이해가 안 되죠? '땅의 모양은 또 뭐야?' 이런 표정을 짓는 친구들이 보이네요. 산, 들, 강, 바다 등이 바로 땅의 모양입니다. 그럼 한번 대답해 볼까요? 지형은 사람들의 삶에 영향을 주나요?

책을 읽으면서 자꾸 대답해 보라고 하니까 어색하지요? 멋쩍어하는 친구들이 보이네요. 쌤은 이 책을 단순히 지식만 전달해 주려고 쓴 건 아니에요. 쌤과 함께 사회 수업에 대한 이야기를 나누는 자리를 만들고 싶었던 거예요. 책을 읽다가 소리 내어 대답하는 것이 부끄럽다면, 마음속으로라도 꼭 생각해 보고 대답해 주세요! 그래야 쌤이 강조하는 올바른 사회 학습법을 익힐 수 있거든요.

산, 들, 강, 바다 등이 인간의 삶에 영향을 주나요? 정답은 '그렇다'입니다. 산에 살고 있는 사람들, 평야에 살고 있는 사람들, 바다 주변(해안가)에 살고 있는 사람들의 모습은 서로 다르지요?

우리는 교과서에서 산, 평야, 바닷가에 형성된 마을을 각각 산지촌,

농촌, 어촌이라 부른다고 배웠습니다. 이건 4학년 교과서에 실려 있어요. 그리고 각각의 지역마다 사람들의 생활 모습이 다르다는 것도 이미 알고 있을 거예요.

농촌에 사는 사람들은 평야에서 농사를 짓고, 어촌에 사는 사람들은 바다에서 물고기를 잡고, 산지촌에 살고 있는 사람들은 주변의 산에서 버섯이나 약초를 채집하지요. 어때요? 지형이 인간의 삶에 영향을 미친다는 것을 알 수 있겠죠?

기후란

그럼 다음으로, 기후를 이야기해 보죠. 기후는 오랜 기간 나타나는 대기의 종합적이고 평균적인 상태를 말합니다. 지형보다 더 이해가 안 되는 어려운 표현이군요. 간단히 말하면 '공기의 상태'라고 보면 돼요. 기온과 강수량이 대표적인 기후의 요소들입니다.

기후를 공부할 때 날씨와 헷갈리는 친구들이 있는데, 날씨는 짧은 기간의 공기의 상태를 표현한 것이고, 기후는 오랜 기간의 공기의 상태를 표현한 거예요. 예를 들어 '어제 날씨 어땠어?'라고는 해도 '어제 기후 어땠어?'라고 말하지는 않죠. 기후란 표현을 사용할 때는 보통 '우리나라의 기후는 어때요?'라고 질문합니다. 그런 질문에는 '우리나라는 4계절의 변화가 뚜렷한 온대 기후에 속한답니다'라고 대답하면 돼요(온대 기후에 대해서는 뒷부분에서 다시 언급하겠습니다). 이제 기후와 날씨의 차이를 이해했나요? 그럼 기후가 사람들의 삶에 어떤 영향을 미치는지 생각해 볼까요?

기후의 가장 대표적인 요소는 기온과 강수량이라고 했습니다. 먼저 기온을 생각해 볼게요. 기온이 높은 지역과 기온이 낮은 지역이 있어요. 두 지역에 사는 사람들의 생활 모습은 어떨까요? 당연히 다르겠죠. 입는 옷만 생각해 봐도 차이가 커요. 더운 지역에 사는 사람들은 얇은 옷을 입고, 추운 지역에 사는 사람들은 두꺼운 옷을 입겠죠. 적도 근처에 사는 사람들과 북극 근처에 사는 사람들의 모습을 상상해 보세요. 어렵지 않게 알 수 있을 거예요.

강설량
하늘에서 내린 눈의 총량

강우량
하늘에서 내린 비의 총량

강수량은 무엇일까요? 강수량은 하늘에서 내린 물의 총량을 말해요. 가끔 강수량을 하늘에서 내린 비의 양이라고 생각하는 친구들이 있는데, 그건 **강우량**이에요. 비, 눈, 안개, 이슬 등 하늘에서 내리는 모든 물을 다 합친 양이 강수량이랍니다. 눈의 총량은 **강설량**이라고 하고요. 강수량의 거의 대부분은 비가 되겠지요.

그럼 강수량은 사람들의 삶에 영향을 미칠까요? 비가 많이 오는 지역과 비가 적게 오는 지역을 생각해 봅시다. 비가 오지 않는 사막 근처에 사는 사람들과 비가 많이 내리는 동남아시아 지역에 사는 사람들, 각각 다른 모습으로 살고 있다는 것은 말하지 않아도 알 수 있겠죠? 기온과 강수량을 통해 기후도 인간의 삶에 영향을 미친다는 것을 확인했어요.

아까 인간의 삶에 영향을 미치는 것들을 무엇이라 부른다고 했죠? 맞아요, 환경입니다. 그렇다면 환경인 지형과 기후에 인간의 의지가 반영되었나요? 사람이 만들 수 있는 것인가요? 당연히 아니죠. 그래서 우리는 지형과 기후를 자연환경이라고 부르는 거예요.

이제 인문환경에 대해 살펴볼게요. 인문환경은 보통 5학년 때 배우는 표현이고요. 초등학교 3,4학년 과정에서는 '사람이 만든 환경'이라고 합니다. 용어가 어려울 수 있기 때문에, 우리 친구들은 의미를 풀어서 배운다고 생각하면 돼요.

인문환경은 사람의 의지가 반영된 환경, 사람이 만든 환경이라고 했습니다. 어

떤 것이 있을까요? 지금 잠시 책을 내려놓고 주위를 살펴볼까요? 어때요? 주변에 사람이 만든 것들이 정말 많지 않나요?

우리 친구들이 어느 장소에서 책을 읽고 있을지 모르지만, 여러분 주변에 있는 거의 모든 것들은 인간의 손으로 만들어졌을 거예요. 그것들이 모두 인문환경이라고 생각하면 된답니다.

그래도 공부하기 편하도록 교과서에서 주로 언급되는 것들을 살펴보자면 교통, 통신, 산업이 대표적인 인문환경입니다. 그런데 쌤이 이렇게 말하면, 우리 친구들 가운데 '그런 것들이 인간 삶에 영향을 준다고?'라고 의심하는 학생도 있을 거예요. 하나하나씩 쌤하고 이야기를 나눠 볼게요.

인문환경의 분류

먼저 교통, 통신, 산업의 개념을 살펴봅시다. 교통은 사람과 물자가 이동하는 것을 뜻하고, 통신은 소식이나 정보를 주고받는 것을 말해요. 산업은 경제 활동 중에서 생산 활동과 관련된 부분을 말하지요. 자세한 내용은 쌤이 나중에 다시 설명할게요. 이 시간에는 인간의 삶과 관련되었다는 부분만 이야기할 거예요.

교통이 인간의 삶에 영향을 미치나요? 교통수단에 해당하는 자동차, KTX, 배, 비행기 등을 생각해 볼까요? 어때요? 자동차, KTX, 배, 비행기가 있는 지역의 사람들과 없는 지역의 사람들, 분명히 생활 모습에 차이가 있겠지요?

마찬가지로 통신도 생각해 봐요. 인터넷과 스마트폰이 통신을 대표하는 항목들인데, 이런 것들을 가진 사람과 갖지 못한 사람들의 생활 모습은 정말 많이 다를 거예요. 책을 읽는 친구들이 놀랄 수도 있는데, 여러분의 부모님이 여러분 나이였을 때는 인터넷이 없었답니다. 물론 휴대전화도 없었고요. 부모님께 여쭤 보세요. 인터넷과 휴대전화 없이 어떻게 사셨느냐고 말이에요. 지금과는 정말 많이 달랐다고 하실 거예요.

마지막으로 산업도 살펴볼까요? 공업을 생각하면 쉬워요. 공업이 발달한 지역과 발달하지 않은 지역, 사람들의 생활 모습이 다르겠지요? 또 공업이 발달했다고 해도 지역마다 발달한 공업의 종류가 다르기 때문에 그에 따른 사람들의 생활 모습에도 차이가 있답니다. 조선 산업이 발달한 지역과 섬유 산업이 발달한 지역의 모습이 똑같지는 않을 테니까요.

이렇듯이 지금까지 이야기한 교통, 통신, 산업은 모두 인간의 삶에 영향을 미치는 환경이랍니다. 인간의 의지가 반영되는, 사람이 만든 인문환경에 속하지요. 어때요? 이제 환경에 대한 개념이 정리가 되었나요?

쌤이 처음에 이야기했듯이 사회 공부라고 하면 무조건 외우려는 친구들이 많을 거예요. 이 책으로 암기가 아닌 이해하는 사회 공부법을 경험하면 좋겠습니다. 아래 판서를 보면서 한번 더 '환경'에 대해 정리해 보면 어떨까요? 다음 수업인 2교시에서는 환경에 따른 생활 모습의 차이에 대해 이야기 나눠 볼게요.

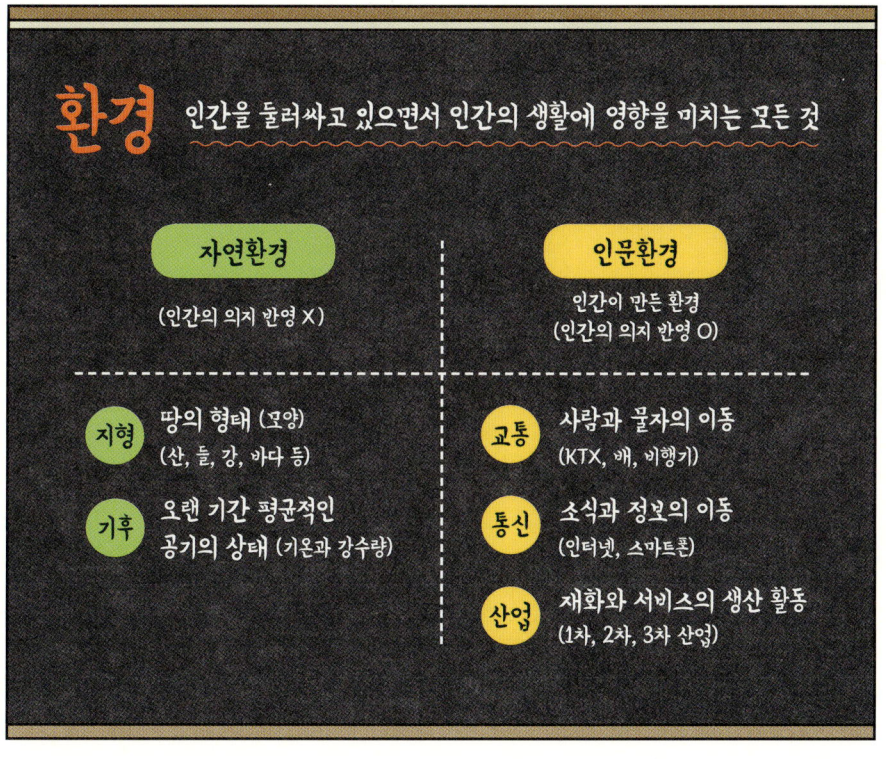

와글와글! 사람들이 모여 사는 다양한 생활 모습

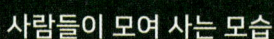사람들이 모여 사는 모습

도시와 촌락

　두 번째 시간이군요. 1교시에는 적응하느라 조금 힘들었더라도, 이제 편안하게 다양한 이야기를 나눌 수 있을 거예요. 쌤의 질문에도 더 적극적으로 대답할 수 있다면 더욱 좋겠네요.

　오늘은 '도시와 촌락'에 대해 살펴봅시다. '지역에 따라 다르게 나타나는 사람들의 생활 모습'을 공부한다고 생각하면 돼요.

　우선 우리가 살고 있는 지역을 구분해 볼까요? 우리가 살고 있는 지역은 크게 두 가지로 나눌 수 있습니다. 위에서 말했듯이 도시와 촌락으로 구분할 수 있어요.

　여기서 잠깐! 지금 우리 친구들 '아, 도시와 촌락! 이걸 외워야 하나 보다'라고 생각하는 건 아니겠지요? 물론 도시와 촌락을 기억하는 것도 중요합니다. 하지만 그 전에 해야 할 일이 있지요? 쌤이 1교시 때 말한 적 있는데 기억이 나나요?

　맞아요. 바로 기준입니다. '도시와 촌락을 구분하는 기준은 무엇일까?'라는 고민을 먼저 해야 해요. 이걸 먼저 떠올린 친구들이 있다면,

쌤이 정말 뿌듯할 거예요.

도시와 촌락의 구분

도시와 촌락을 비교할 때 가장 두드러지게 나타나는 차이점이 무엇일까요? 바로 인구입니다. 도시에는 많은 사람들이 살고, 촌락에는 상대적으로 적은 사람이 살아요.

초등학교 교과 과정에서는 '사람이 많으면 도시, 사람이 적으면 촌락'이라고 구분하고 있는데, 이런 설명은 어딘가 아쉽지 않나요? '많다'와 '적다'는 주관적인 개념입니다. 예를 들어 어느 지역의 인구가 1만 명이라고 합시다. 인구가 1만 명이면 많은 걸까요, 적은 걸까요? 알쏭달쏭하지요? 좀 더 구체적인 기준이 필요할 것 같습니다.

쌤이 결론부터 말하면, 절대적인 기준은 없어요. 무슨 뜻이냐 하면, 나라마다 도시와 촌락을 구분하는 기준이 다르다는 겁니다. 각 나라별로 그 나라의 특성에 따른 다양한 인구 기준을 가지고 있어요. 5천 명이 기준이 되는 나라도 있고, 1만 명이 기준이 되는 나라도 있고, 5만 명이 기준이 되는 나라도 있답니다. 그렇기 때문에 교과서에서도 정확한 언급을 하지 않는 것이고요.

하지만 우리나라의 인구 기준은 알고 있는 게 좋겠죠? 우리나라에서는 인구 5만 명을 기준으로 도시와 촌락을 구분합니다. 인구가 5만 명이 넘는 지역은 도시가 되고, 인구가 5만 명보다 적은 지역은 촌락이 됩니다.

촌락은 다시 세 가지로 구분할 수 있어요. 바로 농촌, 어촌, 산지촌입

니다. 그래서 우리가 살고 있는 지역은 농촌, 어촌, 산지촌, 도시 이렇게 네 가지로 나눌 수 있습니다.

촌락의 구분

촌락에 대해 좀 더 자세히 살펴볼게요. 촌락이 세 가지로 구분된다고 했을 때 여러분은 어떤 생각을 했나요? '어떻게 구분할까?'라고 생각했다면 정말 훌륭해요. 기준을 먼저 고민하는 것이 중요합니다.

촌락을 나누는 기준은 자연환경입니다. 어떤 자연환경을 가지고 있느냐에 따라 촌락을 구분하죠. 예를 들어 어떤 지역이 있는데, 그 지역의 인구가 5만 명이 안 돼요. 그러면 그 지역은 도시가 아니라 촌락입니다. 그런 다음 자연환경을 살펴봅니다. 주변이 들판이나 평야로 둘러싸여 있다면 그곳은 농촌입니다. 주변에 바다, 갯벌, 모래사장이 있다면 어촌이고요. 주변이 산으로 둘러싸여 있다면 산지촌이겠지요.

1교시 때 쌤이 '환경은 인간의 삶에 영향을 미친다'라고 했습니다. 그럼 농촌, 어촌, 산지촌에 살고 있는 사람들의 생활 모습도 다르겠지요?

농촌에 살고 있는 사람들의 생활 모습은 어떨까요? 농촌 사람들은 어떤 일을 하면서 생활할까요?

농촌은 주변이 평야로 둘러싸인 지역입니다. 평야 지역에 사는 사람들이 쉽게 할 수 있는 일은 농사예요. 그래서 농촌의 사람들은 주로 농업에 종사합니다.

어촌은 어떨까요? 어촌은 바다와 접한 지역입니다. 바다를 이용해서 생활하는 사람이 많겠지요. 물고기를 잡는 어업, 물고기를 기르는 양식업, 소금을 생산하는 천일제염업이 어촌에서 발달한 산업이랍니다.

마지막으로 산지촌도 생각해 볼까요? 주변이 산으로 둘러싸인 산지촌에서는 임업이 가장 대표적인 산업이고요. 우리나라에서는 **고랭지 농업**이나 **계단식 논**이 발달하기도 합니다.

이처럼 그 지역의 자연환경에 따라 사람들의 생활 모습이 달라지지요. 우리는 그것으로 지역을 나누게 됩니다.

참, 초등학교 과정에서 촌락을 구분하는 기준이 한 가지 더 있습니다. 지역에 발달한 산업으로 구분하는 방법이에요. 농업이 발달하면 농촌, 어업이 발달하면 어촌, 임업이 발달하면 산지촌

고랭지 농업
높고 평탄한 지형(고위평탄면)에서 여름철의 서늘한 기후를 이용하여 무, 배추 등의 채소를 재배하는 농업

계단식 논
경사가 심한 산간 지역에서 농사를 짓기 위해 산비탈을 계단 모양으로 깎아서 만든 논

으로 구분합니다.

사회 공부를 할 때 단순히 암기를 통해서 접근하는 친구들이라면 '촌락을 구분하는 기준은 두 가지가 있는데, 하나는 자연환경이고 다른 하나는 그 지역에 발달한 산업이다'라고 암기할 거예요. 하지만 이제 우리는 깨달았습니다. 그 두 가지 기준은 각각 기억해야 하는 것이 아니라, 하나로 이해할 수 있다는 것을요. 사회는 이런 관점에서 공부해야 한답니다.

우리는 방금 사소한 내용 한 가지를 암기와 이해하는 방법으로 살펴보았습니다. 여러분은 앞으로 수많은 내용들을 공부할 텐데 단순히 암기만 한다면 얼마나 피곤할까요?

도시의 개념

이제 도시에 대해 공부해 볼게요. 교과서에서는 도시에 대한 개념을 정의할 때 '한 지역의 정치, 경제, 사회, 문화의 중심지가 되면서 많은 사람들이 모여 살고 있는 지역'이라고 표현합니다. 어때요? 문장이 많이 어렵지요? 쌤도 써 놓고 보니까 알고 있는데도 헷갈린다는 생각이 듭니다. 문장 자체를 암기하려고 하지 말고, 그 안에 담겨 있는 의미를 곰곰이 생각해 봐요.

지금부터 재밌는 상상을 하나 하려고 합니다. 오른쪽 그림을 보면서 생각해 볼까요?

(가)라는 어떤 지역이 있습니다. 이 지역의 전체 인구가 10만 명인데, 사람들이 사는 곳이 두 군데 있어요. 대부분의 사람들은 빨간색으로 표

시한 지역에 살고, 나머지는 노란색으로 표시한 지역에 살고 있습니다. 좀 더 편하게 빨간색에는 9만 명, 노란색에는 1만 명이 살고 있다고 합시다. 그럼 빨간색은 도시가 되고 노란색 부분은 촌락이 될 거예요. 그렇지요?

이제부터 즐거운 상상을 시작해 볼까요? 우리가 백화점 사장이라면 (가) 지역에 백화점을 지을 때 빨간색으로 표시된 도시에 지을까요, 아니면 노란색으로 표시된 촌락에 지을까요? 많은 사람들이 와서 물건을 사 줘야 하겠지요? 그렇다면 유리한 곳은 어디일까요?

두 번째 상상. 이번에는 극장을 지어 볼까요? 여러분이라면 어느 곳에 짓겠습니까? 말이 나온 김에 몇 개 더 해 볼까요? 은행을 만든다면? 음식점을 한다면?

아마 대답은 모두 같을 거예요. 사람이 몰려 있는 도시 지역에 짓게 될 겁니다. 관공서도 마찬가지예요. 더 많은 사람들이 편하게 이용할 수 있는 곳에 짓게 되겠지요.

그럼 결론을 내려 볼게요. (가)라는 지역이 있다면 관공서나 금융 기관, 문화 활동이나 경제 활동을 하는 곳은, 대부분 많은 사람들이 살고 있는 빨간색으로 표시된 도시 지역에 형성될 겁니다. 그렇기 때문에 도시는 한 지역의 정치, 경제, 사회, 문화의 중심지이면서 많은 사람들이 거주하는 곳이 되는 거지요.

도시와 촌락을 구분하는 기준은 인구라고 했습니다. 그리고 촌락의 종류를 구분하는 기준은 자연환경과 그 지역에 발달한 산업이라고 했고요. 그러면 자연환경과 산업으로 도시와 촌락을 구분할 수도 있을까요?

방금 질문은 쌤이 정답을 기대하고 한 것은 아니니까 부담은 갖지 말아요. 공부한 적도 없는데 우리가 어떻게 알겠어요? 다만 그냥 읽고 줄 긋고 암기하지 말고, 한번 생각해 보자는 겁니다. 틀려도 돼요. 물론 책을 다 읽고 나서 틀리면 안 되겠지요. 공부한 내용은 기억해 주세요.

정답을 말할게요. 자연환경은 도시와 촌락을 구분하는 기준이 되지 않아요. 평야 지역에 많은 사람들이 모여 살고 있으면 도시가 되고, 해안가에 많은 사람늘이 모여 사는 지역이 있다면 그곳도 도시가 됩니다. 산으로 둘러싸여 있지만 역시 많은 사람들이 거주하는 지역이 있다면 그곳도 도시가 될 수 있겠지요.

자연환경으로는 도시와 촌락을 구분할 수 없어요. 하지만 산업으로는

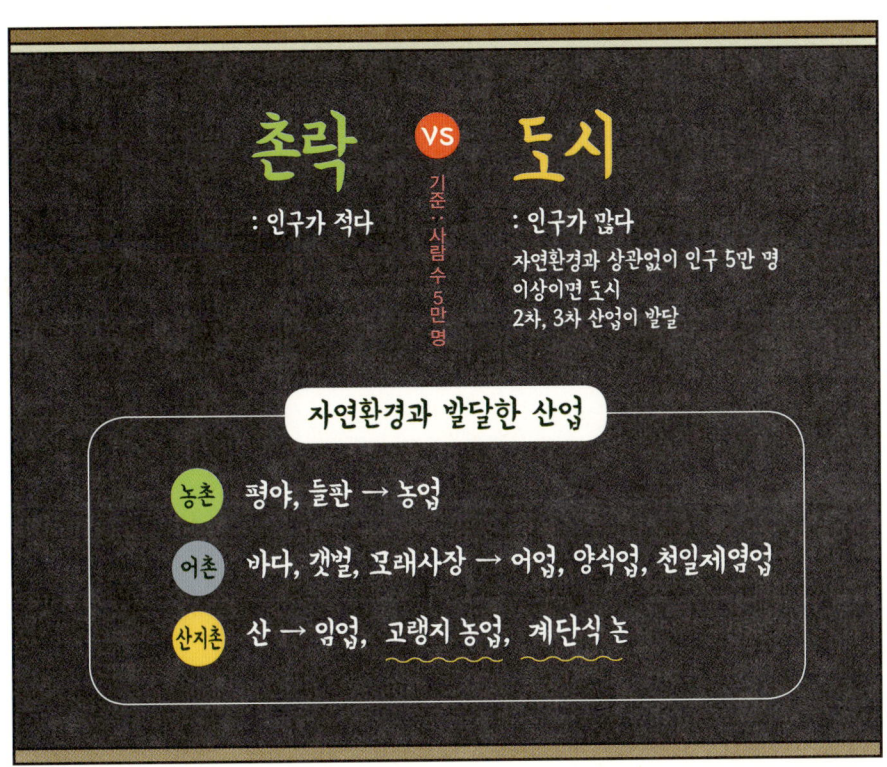

구분할 수 있답니다. 촌락에 발달한 산업이 주로 농업, 어업, 임업(1차 산업)이라면, 도시에 발달한 산업은 공업(2차 산업)과 서비스업(3차 산업)입니다. 그래서 지역에 발달한 산업에 따라 도시와 촌락의 구분이 가능하다는 것도 기억해 두면 좋을 거예요. 1차 산업, 2차 산업, 3차 산업의 분류에 대해서는 경제 영역을 배울 때 자세히 살펴볼게요.

촌락 문제와 도시 문제

이제 마지막으로 촌락 문제와 도시 문제를 알아볼까요?

학교에서 촌락 문제와 도시 문제에 대해 공부할 때, 이 두 가지를 별

개의 것으로 인식하고 공부하는 경향이 있는데, 이 두 문제는 매우 밀접한 연관성이 있어요. 그렇기 때문에 반드시 함께 기억해야 한다는 것을 염두에 두세요. 자, 그럼 볼까요?

촌락 문제는 촌락에서 발생하는 문제를 말하고, 도시 문제는 도시에서 발생하는 문제를 말합니다. 촌락은 사람이 적은 지역을 말하고, 도시는 사람이 많은 지역을 말하죠.

그럼 촌락 문제의 원인과 도시 문제의 원인을 살펴봅시다. 촌락 문제가 일어나는 가장 큰 원인은 사람이 적기 때문입니다. 또한 도시 문제가 일어나는 가장 큰 원인은 사람이 많기 때문이고요. 우리가 교과서에서 공부하는 촌락 문제의 종류에는 노동력(일손) 부족, 빈집 증가, 폐교 증가, 인구 고령화 현상 등이 있어요. 도시 문제의 종류에는 주택 부족, 집값 상승, 교통 혼잡 및 주차장 부족, 일자리 부족 등이 있고요.

촌락 문제는 모두 사람이 없어서 발생합니다. 특히 젊은 사람들이 거의 없기 때문에 노동력(일손)이 부족하고, 빈집과 폐교가 증가하고, 인구 고령화 현상이 심각하게 나타나는 것이지요.

반대로 도시 문제가 나타나는 이유는 사람이 너무 많기 때문입니다. 사람이 너무 많아서 주택이 부족해지고, 집값은 오르고, 교통은 혼잡하고 주차장은 부족하고, 일자리도 부족해지는 것이고요.

왜 그럴까요? 쌤은 이 질문을 우리 친구들에게 하고 싶었어요. 단순히 교과서에서 다루는 촌락 문제와 도시 문제의 개념, 원인, 종류를 외워서 시험 문제를 푸는 것이 아니라 '왜 이런 현상이 나타나게 되는 것일까?'라는 근본적인 고민을 함께 나눠 보고 싶었던 거예요.

　촌락은 왜 사람이 적고, 도시에는 많을까요? 촌락에 사는 부부는 아기를 낳지 않고, 도시에 사는 부부들만 아기를 낳기 때문일까요? 그건 아닐 거예요. 가장 중요한 이유는 촌락의 사람들이 도시로 이동하기 때문입니다. 이러한 현상을 **이촌향도**라고 표현하지요.

> **이촌향도**
> 사람들이 촌락을 떠나 도시로 이동하는 현상. 촌락 문제와 도시 문제의 원인이 된다.

　촌락의 사람들이 도시로 떠나는 이유에는 크게 세 가지가 있어요.

　첫째, 도시는 촌락에 비해 2차 산업과 3차 산업이 발달해서 일자리가 풍부합니다. 그래서 많은 사람들이 일자리를 찾아 도시로 이동합니다.

　둘째, 도시는 촌락보다 교육 환경이 뛰어나요. 자녀들에게 다양한 경험을 제공하는 데는 도시가 훨씬 유리하기 때문에 많은 부모들이 자녀 교육을 위해 도시로 이사를 합니다.

　셋째, 도시에서는 다양한 문화생활, 경제생활을 할 수 있어요. 촌락은 도시에 비해 문화 시설이나 경제 시설이 매우 부족한 편입니다. 그래서 사람들은 더 나은 삶을 위해서 도시로 이주하게 됩니다.

　여러 이유로 사람들이 촌락에서 도시로 이동하기 때문에 촌락의 인구는 점점 감소하고, 반대로 도시의 인구는 계속 증가합니다. 그러면 촌락 문제와 도시 문제도 심각해지게 되겠지요.

　촌락 문제와 도시 문제를 해결할 수 있는 방법에는 무엇이 있을까요?

　여러분은 학교에서 다양한 방법들을 배우게 될 거예요. 그런데 이 책에서는 교과서에서 다루지 않는 근본적인 해결 방법을 고민해 보려고 합니다. 구체적인 해결 방안들은 여러분이 학교 수업을 통해서 충분히 접할 수 있을 거예요.

촌락 문제와 도시 문제를 해결하는 가장 기본적인 방법은 국토의 균형 개발이랍니다. 현실을 살펴보면, 촌락이 도시에 비하여 여러 면에서 많이 낙후되어 있는 것은 사실입니다. 그래서 사람들이 점점 도시로 이동하고 있고요. 그렇기 때문에 국가에서도 사람들이 더 많이 살고 있는 도시에 투자를 하려는 것이지요. 하지만 이러한 반복이 결국에는 도시와 촌락의 격차를 더욱 벌리고, 도시에 사람들을 집중시키는 악순환을 가져왔다고 볼 수 있습니다.

이제는 상대적으로 낙후된 촌락에 대한 투자와 개발이 필요한 시점이 되었어요. 촌락이 도시만큼 살기 좋은 지역이 된다면 어떨까요? 집값이 비싸고, 교통이 혼잡하고, 환경이 좋지 않은 도시에 살기보다는 촌락에서 생활하려는 사람들이 늘어나게 되겠지요. 이는 자연스럽게 도시에서 촌락으로의 인구 이동을 가져올 겁니다. 우리는 이것을 '인구의 U턴 현상' 혹은 '귀농', '귀촌'이라고 부르지요.

전 국토를 균형적으로 개발하여 촌락도 도시만큼 사람들이 생활하기에 편리한 지역으로 만드는 일이 촌락 문제와 도시 문제의 근본적인 해결 방법입니다. 도시의 사람늘이 존락으로 이동하여 도시는 불균형한 인구 증가를 막을 수 있고, 촌락은 비정상적 인구 감소를 막을 수 있게 됩니다.

도시와 촌락은 교과서에서 각각의 단원으로 나눠 공부하지만, 별개의 내용이 아니랍니다. 우리가 살고 있는 여러 지역을 종합적으로 파악해야 한다는 것을 친구들이 기억했으면 좋겠네요. 자, 오늘 수업은 여기서 마치도록 하겠습니다.

3교시에는 우리가 살고 있는 지역을 지도에서 찾아볼게요.

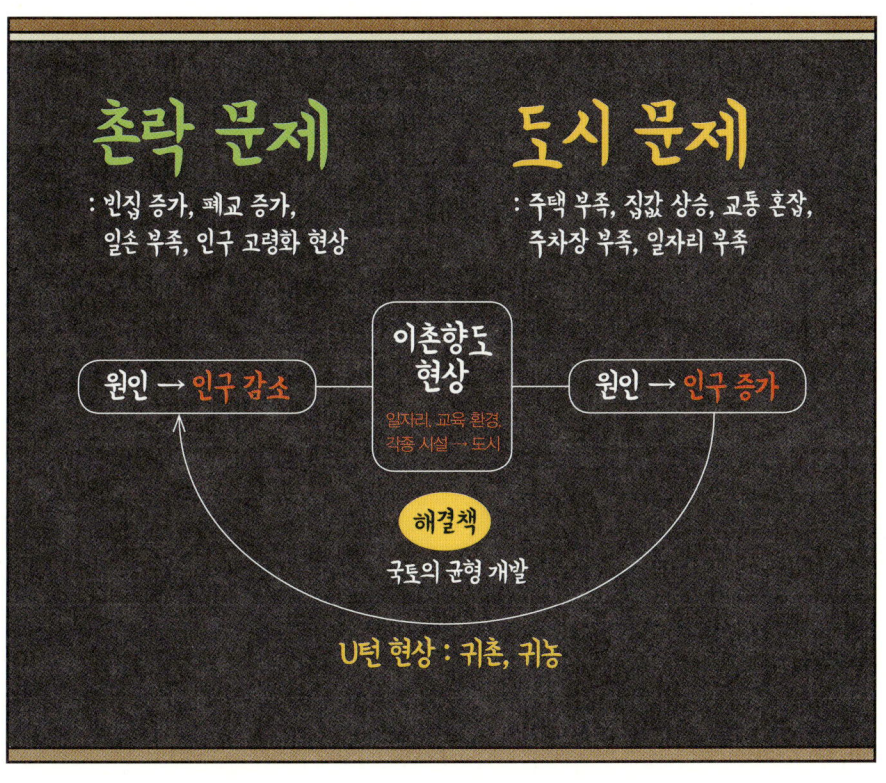

넓고 넓은 세상에서 대한민국은 어디에 있을까?

 우리나라가 어디에 있냐고요?

위치와 지도 읽기

이번엔 우리가 사는 대한민국의 위치를 공부해 볼게요.

위치의 개념을 먼저 정리해 볼까요? 친구들이 먼저 대답해 봅시다. 위치란 무엇일까요? 설마 모른다고 이야기하지는 않겠죠? '위치라니 무슨 말인지 전혀 모르겠어요!'라는 친구는 없을 거예요. 어떤 의미인지는 아는데, 표현하려고 하니까 잘 안 되는 것뿐이지요. 앞으로는 표현하기도 자주 연습해 보세요. 어떤 용어가 새롭게 등장하면 개념을 정리해 보는 거지요. 그러면 용어에 담긴 정확한 의미를 이해할 수 있게 돼요. 이런 연습이 최근 강조되고 있는 서술형 문제 풀이에도 많은 도움이 된답니다. 머릿속에 정리된 개념을 말로 조리 있게 풀어서 설명할 수 있다면, 우리 친구들이 어렵게 생각하는 서술형 문제도 편하게 접근할 수 있을 거예요.

위치란

위치의 개념을 정리해 볼게요. 위치는 무엇이 어디 있는지 나타내요.

대한민국의 위치

대한민국의 위치는 우리 역사와도 밀접한 관련이 있답니다. 중국과 일본, 러시아 등 여러 나라와 인접해 있고 태평양에서 아메리카 대륙까지 이어지는 통로의 위치라서 무역이 발달하기에 적합하지요. 하지만 강대국의 사이에 있어서 임진왜란, 청일 전쟁 등은 물론 삼국 시대 이전부터 외세의 침략도 많이 받았습니다. 또 산이 발달하고 삼면이 바다인 특성상 여러 특산품이 나오며 문화도 다채롭게 발달했습니다.

이 문장 자체는 그리 중요하지 않아요. 지금 외운다고 해도 하루만 지나면 잊어버릴 테니까요. 쌤이 항상 강조하듯이 내용을 이해해야 합니다.

처음에 '대한민국의 위치를 공부할 거예요'라고 했을 때, 여러분은 그 뜻을 알아차렸어요. 하지만 '위치가 뭘까요?'라는 질문에는 대답하지 못했지요. 대한민국의 위치는 '대한민국이 어디에 있는지 나타내는 것'이랍니다. 위치란 '무엇이 어디 있는지 나타내는 것'이란 문장 자체는 중요하지 않아요. 그 안에 들어 있는 의미를 생각해야 하지요.

지금 당장 무턱대고 문장을 외워서 토씨 하나 안 틀리고 답을 쓰는 게 중요한 게 아니에요. 용어의 의미를 정확하게 이해해야만 시간이 지나도 그 용어에 대해서 설명할 수 있어요.

이제 위치를 표현하는 법을 공부해 볼게요. 위치를 표현하는 방법에는 세 가지가 있습니다. **지리적 위치**, **수리적 위치**, **관계적 위치**가 있어요.

어때요? 조금 생소한 단어지요? 보통 중학교부

지리적 위치
대륙과 해양으로 표현하는 위치

수리적 위치
위도와 경도로 표시하는 위치

관계적 위치
주변 국가와의 관계를 토대로 설명하는 위치

터 쓰는 말이기 때문에 초등학생 친구들에게는 낯설게 느껴질 수도 있어요. 하지만 쓰지 않는 용어일 뿐이지 뜻은 이미 알고 있는 거랍니다. 두려움을 갖지 않아도 돼요.

대한민국의 위치

쌤이 여러분에게 질문을 하나 더 해 보려고 해요.

'대한민국은 어디에 있나요?'

'대한민국의 위치는 어디인가요?'

대답했나요? 이건 어렵지 않잖아요! 한번 대답해 봐요. 아마도 여러분의 대답은 다음 세 가지 가운데 하나였을 거예요.

> 1. 대한민국은 아시아 대륙의 동쪽 끝 한반도에 있고, 태평양과 접해 있어요.
> 2. 대한민국은 북위 33~43도, 동경 124~132도에 있어요.
> 3. 대한민국은 중국의 동쪽, 일본의 서쪽, 러시아의 남쪽에 있어요.

어때요? 이 가운데 답이 있나요? 물론 100퍼센트 똑같은 대답은 아니겠지만, 비슷한 식으로 대답했을 거예요. 혹시 2번으로 대답한 친구도 있나요? 그랬다면, 정말 사회에 관심이 많다고 칭찬해 주고 싶네요.

대한민국의 위도와 경도를 알고 있는 사람들은 거의 없더라고요. 어른들도 잘 몰라요. 꼭 2번으로 대답하지 않았어도 괜찮아요. 1번과 3번으로 대답한 친구들에게도 '열심히 공부했구나!'라고 쌤이 칭찬해 줄게요. 대답을 아예 못 하거나 안 한 친구들은 없죠? 혹시 지금 살짝 뜨끔하다면, 반성해야 합니다!

지리적 위치

그럼 여러분의 대답을 정리해 봅시다.

'아시아 대륙의 동쪽 끝에 있는 한반도에 위치하고 태평양과 접해 있다.'

1번으로 대답한 친구들, 이게 바로 대한민국의 지리적 위치예요. 쌤이 지리적 위치가 무엇이라고 했죠? **대륙과 해양**으로 표현한 위치라고 했어요. 지구에 있는 6대륙(아시아, 유럽, 아프리카, 북아메리카, 남아메리카, 오세아니아)과 5대양(태평양, 인도양, 대서양, 북극해, 남극해)으로 위치를 표현할 때 우리는 이걸 지리적 위치라고 부른답니다.

2번 답은 설명이 많이 필요한 부분이라 3번을 먼저 이야기할게요.

대륙과 해양
대륙과 해양의 구분은 기준에 따라 달라질 수 있다. 유럽과 아시아를 합쳐서 유라시아 대륙으로 부르기도 하고, 남극 대륙을 포함시킬 수도 있다. 대양에 지중해를 포함시키는 경우도 있다. 중학교 교과서도 마찬가지이고 6대륙 5대양이 절대적인 것은 아니다.

관계적 위치

3번은 어떤 위치를 나타낸 걸까요?

'대한민국은 중국의 동쪽, 일본의 서쪽, 러시아의 남쪽에 있다.'

대한민국의 관계적 위치를 설명한 것입니다. 대한민국 주변 국가들과의 관계를 기준으로 우리나라의 위치를 설명한 것이 관계적 위치예요. 무척 쉽지요?

같은 관계적 위치라도 우리나라를 기준으로 설명할 수도 있어요. 우

리나라의 서쪽에는 중국이 있고, 동쪽에는 일본이 있어요. 우리나라의 북쪽에는 러시아가 있어요! 이것도 관계적 위치라고 볼 수 있겠죠.

수리적 위치

이제 마지막으로 2번 답을 확인해 볼게요.

'대한민국은 북위 33~43도, 동경 124~132도에 있다.'

대한민국의 위치를 위도와 경도를 사용해서 표시하고 있네요. 그럼, 2번은 어떤 위치를 표현한 것일까요? 맞아요, 바로 수리적 위치입니다.

우리 친구들은 위도와 경도에 대해 정확히 알고 있나요? 위도와 경도는 반드시 알아야 하는 개념이기에 쌤이 자세히 설명할게요.

위도와 경도

위도와 경도는 지구상에서 어떤 지역의 위치를 나타내기 위하여 만든 가상의 좌표입니다.

혹시 초등학교 3, 4학년 과정에 나오는 고장의 위치를 설명하는 방법 기억나나요? 3학년보다 어린 친구들이라면 아직 배우지 않았을 거예요. 고장의 위치를 설명하는 방법은 두 가지예요. 바로 '방위와 좌표'랍니다.

방위는 동서남북을 가리킵니다. 동서남북 방향을 이용해서 '북쪽에 있어요', '동쪽에 있어요' 등으로 위치를 표시하는 방법이에요. 좌표는 가로, 세로 좌표를 만들어서 지역의 위치를 표시하는 방법입니다.

여러분이 고학년이 되면 이를 바탕으로 좀 더 자세한 위치 표현 방법을 공부합니다. 우리가 3, 4학년 과정에서 공부했던 '좌표로 고장의 위치 표현

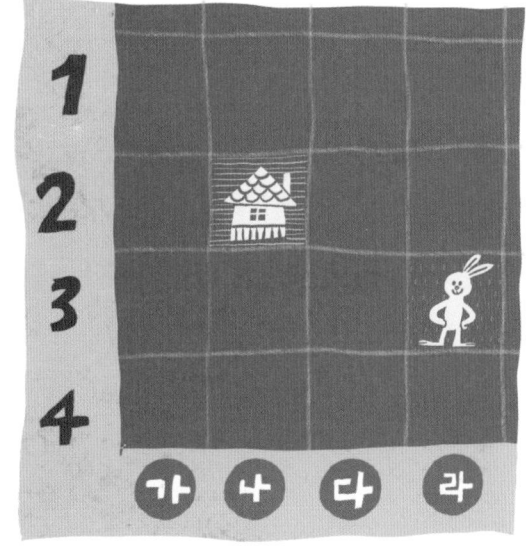

문제 1. 집의 좌표는?
문제 2. 토끼의 좌표는?

정답 1. (나, 2)
정답 2. (라, 3)

하기'가 5, 6학년 과정에서는 '위도와 경도로 지구의 위치 표현하기'가 되었다고 생각하면 돼요. 저학년 때 공부했던 내용을 응용해서 지구에 가상의 좌표를 만들어 사용하는 거예요. 이때 가로 좌표가 위도가 되고, 세로 좌표가 경도가 됩니다.

그럼 위도와 경도에 대해 자세한 이야기를 해 봅시다. **위도**는 지구를 가로로 나눈 정도를 뜻해요. 그리고 위선은 그 나눈 선을 말합니다. 종종 우리 친구들은 위도와 위선을 헷갈리는데, 위도는 어느 정도(가로로 나눈 정도)를 말하는 것이고, 위선은 지구본이나 세계지도에 그려지는 선을 말하는 것이랍니다. 위선은 실제로는 존재하지 않는 가상의 선이고요. 경도와 경선도 마찬가지예요. 경도는 세로로 나눠진 정도를 뜻하고, 경선은 선 그 자체를 말합니다.

위도
적도에서 북극이나 남극 방향으로 90도로 나뉘는, 지구상 위치를 나타내는 가로 좌표축

우리나라의 수리적 위치를 말할 때 '북위 33~43도, 동경 124~132도'라고 하는데, 위선과 경선이 아니라 위도와 경도를 말하는 거랍니다.

위도는 적도를 기준으로 합니다. 지구의 정 가운데를 '적도'라 부르고 양 끝 지점을 '극'이라 불러요. 적도는 위도의 기준이며 0도에 해당하고, 극은 90도에 해당합니다. 적도에서 극으로 갈수록 위도가 0도에서 90도로 증가한다고 생각하면 돼요. 적도를 기준으로 북쪽을 북위로 표현하고 남쪽을 남위로 표현합니다.

우리나라의 위도가 북위 33~43도라는 것은 적도를 기준으로 북쪽으로 33~43도 지점에 위치하고 있다는 뜻이 되는 거지요.

이번에는 경도를 공부해 볼게요.

경도의 기준은 무엇일까요?

경도의 기준은 정하기가 애매해요. 기준을 정할 때는 가운데로 해야 하는데, 위도의 경우에는 가로라서 쉽게 정할 수 있어요. 하지만 경도는 세로선이기 때문에 가운데라는 개념이 없어요. 둥근 지구에서는 어떤 세로선이라도 중심이 될 수 있잖아요.

> **경도**
> 위도와 함께 지구상 위치를 나타내는 세로 좌표축. 영국의 그리니치 천문대를 지나는 본초 자오선을 경계로 동경과 서경으로 구분함

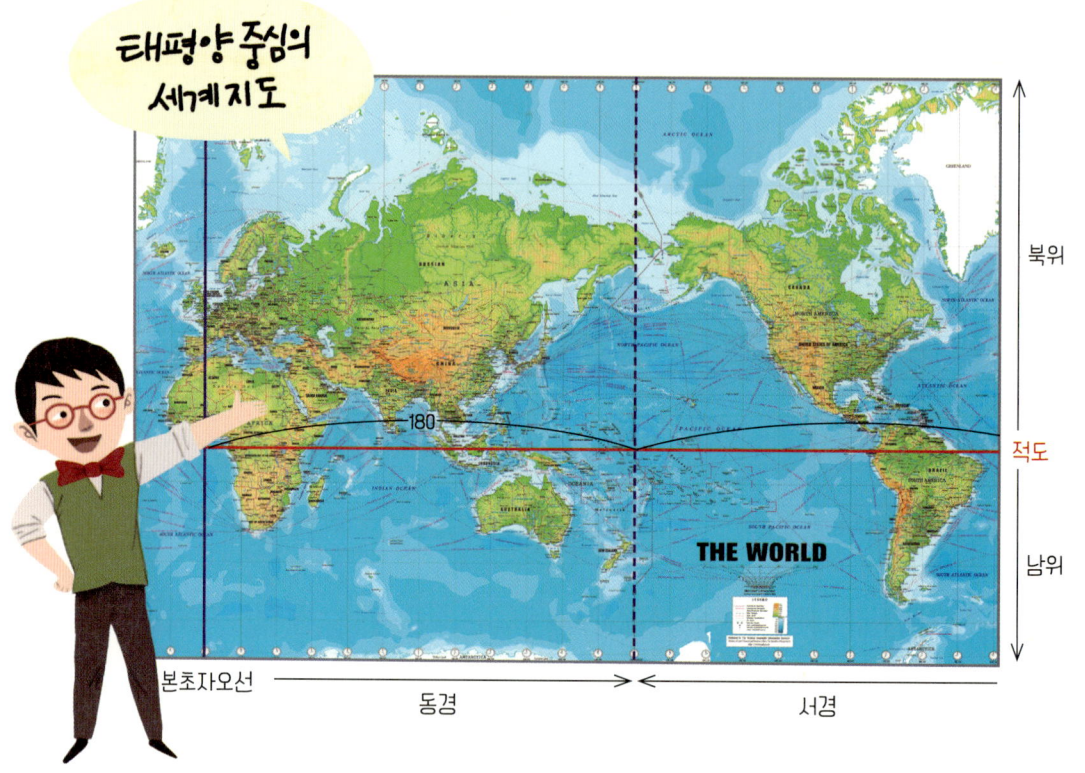

 그래도 기준은 있어야겠지요? 경도의 기준은 영국의 그리니치 천문대를 지나는 본초자오선이에요. 왜냐고요? 경도를 정할 때 영국이 세계에서 가장 힘이 센 나라였거든요. 그래서 영국이 기준이 되었답니다. '헐, 그게 정말이에요?'라고 묻는 친구들, 그게 정말입니다. 그 시절에는 '당연히 영국이 세계의 중심이지'라고 생각하는 사람들이 많았어요. 어쨌든 영국이 경도의 기준이 되었기 때문에, 영국을 기준으로 동쪽이 동경, 서쪽이 서경이 된답니다.

 우리나라는 동경 124~132도에 위치한다고 했죠? 우리나라는 영국을 기준으로 동쪽으로 124~132도 지점에 있다는 뜻이랍니다.

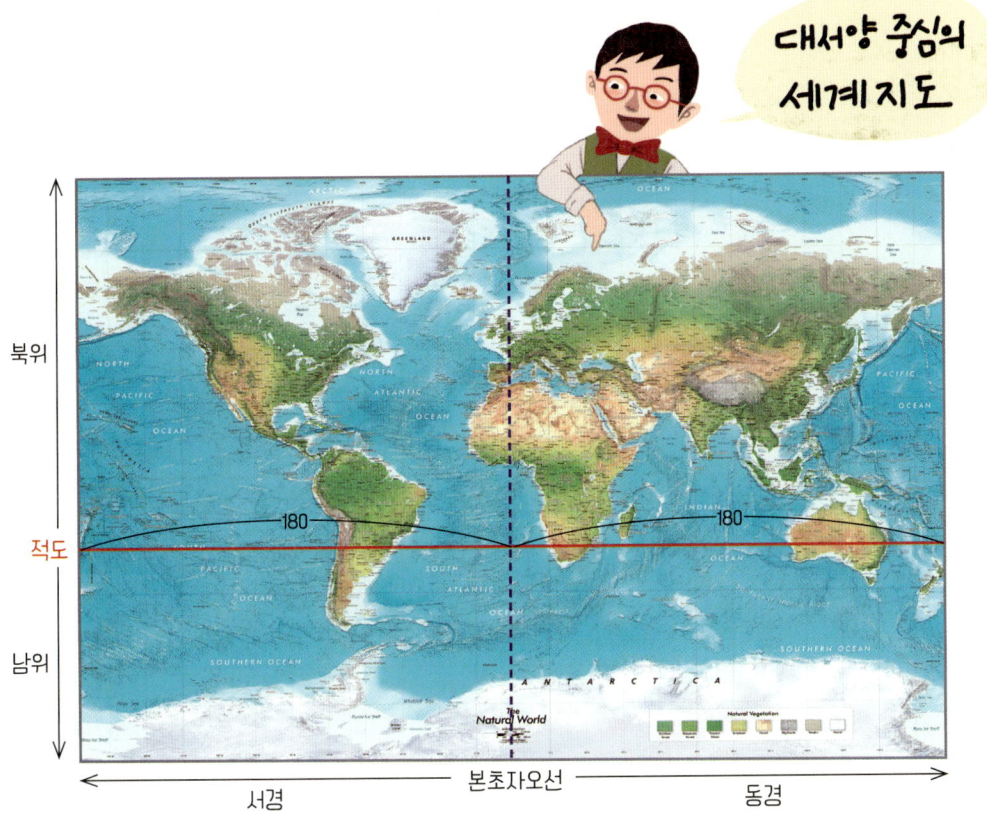

대서양 중심의 세계지도

　위도는 북위, 남위 각각 90도까지 있다고 했죠? 경도는 각각 180도까지 있답니다. 동경 180도, 서경 180도 합쳐서 360도입니다. 지구는 구의 형태이기 때문에 360도가 되는 거지요.

　위도와 경도를 공부할 때는 우리가 쓰는 태평양 중심의 세계지도 말고, 유럽 사람들이 쓰는 대서양 중심의 세계지도로 보는 것이 더 이해하기 쉬울 거예요. 우리는 태평양이 가운데 있는 지도, 우리나라가 세계의 중심에 위치한 지도를 주로 씁니다. 하지만 유럽이나 아메리카 대륙의 사람들은 대서양이 중심에 위치한 지도를 더 많이 쓰거든요.

　우리가 사용하는 세계지도로 살펴보면, 서경의 개념이 애매하게 느껴

45

집니다. 태평양 중심의 지도를 보면 '아메리카 대륙도 영국의 동쪽에 있는데, 왜 서경이라고 할까?'라고 고민하게 되거든요. 위도와 경도는 유럽인의 관점에서 만들어졌어요. 그렇기 때문에 그쪽에서 사용하는 세계 지도로 봐야 정확하게 이해할 수 있답니다. 영국을 기준으로 동쪽에는 아시아 대륙이 있고, 서쪽에는 아메리카 대륙이 있는 거예요.

위도와 경도 개념이 많이 어렵지요? 초등 5학년, 6학년 때 나오는 내용이기 때문에 어렵게 느낄 거예요. 하지만 외우려고 하지 말고 곰곰이 생각해 보면, 분명 이해할 수 있을 겁니다. 위도와 경도에 관련해서 중요한 것 하나 더! 나중에 자세히 설명하겠지만 위도는 기후, 경도는 세계 시간과 관련이 있답니다.

갑자기 질문 하나가 떠올랐어요. 위치를 나타낼 때 방위가 아닌 좌표를 쓰면 어떤 장점이 있는지 기억하나요? 아직 배우지 않은 친구들이 있나 봐요. 또 배운 걸 기억하는 친구들도 있네요.

'정확한 위치를 표현할 수 있다'는 점입니다. 단순히 '동쪽에 있어요', '서쪽에 있어요'라고 말한다면 정확한 위치를 표현하기 힘들겠지요. 그래서 좌표를 이용하는 거랍니다. 이것이 수리적 위치의 장점이기도 하고요. 지리적 위치와 관계적 위치에 비해 정확한 위치를 표현할 수 있으니까요.

'그냥 수리적 위치만 사용하면 되잖아요? 뭐 하러 지리적 위치와 관계적 위치를 사용해요?'라고 질문하는 친구들도 있을 거예요. 수리적 위치의 가장 큰 약점은 지도가 없으면 알 수 없다는 점이에요. 위도와 경도가 표시된 지도가 있다면 정확한 위치를 찾아서 살펴볼 수 있지만, 지도가 없다면 알 수 없겠죠?

　우리 친구들에게 '북위 약 24~48도, 서경 약 67~125도에 위치한 나라'라고 말한다면 어느 나라인지 맞출 수 있나요? 하지만 '캐나다의 남쪽, 멕시코의 북쪽에 있는 나라'라고 하거나 '동쪽으로는 태평양과 접해 있고, 서쪽으로는 인도양과 접해 있는 북아메리카의 중앙부를 차지하는 나라'라고 한다면 '아, 미국이구나!'라고 생각할 수 있을 거예요.

　어때요? 이제는 수리적 위치의 장단점에 대해 이해할 수 있겠죠?

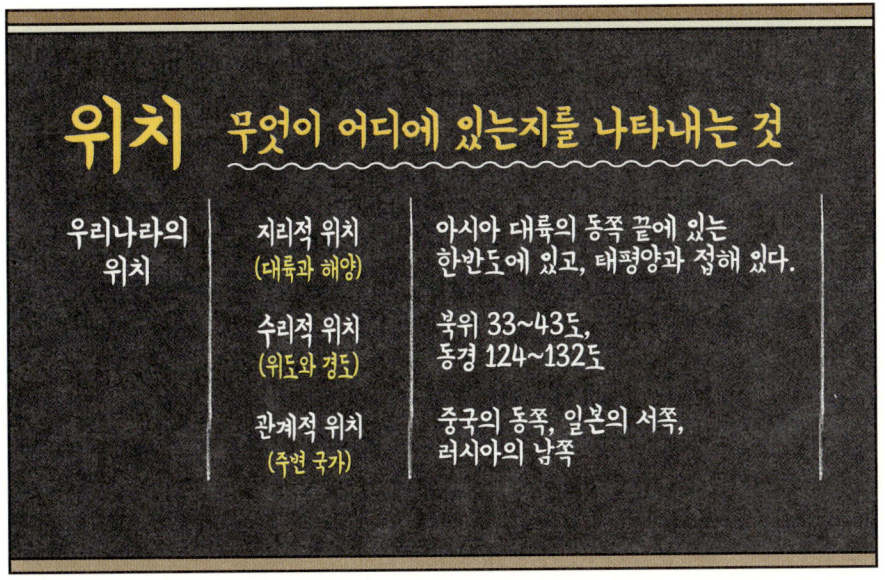

지도 읽기

　이제 오늘 수업의 마지막 주제를 이야기할 시간이에요. 오늘 공부한 내용이 쉽지는 않았지요? 정말 어려운 내용을 익혔기 때문에 친구들 표정이 힘들어 보이네요. 이제 얼마 남지 않았습니다. 조금만 더 힘을 내서 다음 내용을 같이 살펴보도록 해요.

지금까지 위치와 위치를 나타내는 방법들에 대해 함께 공부했어요. 그렇다면 어떤 지역의 위치를 찾을 때 가장 많이 활용하는 도구가 무엇일까요? 그래요, 바로 지도입니다. 마지막으로 같이 공부할 주제는 지도를 읽는 방법이랍니다. 먼저 지도에 대해서 몇 가지 이야기를 나눠 보도록 할게요.

지도는 실제 땅의 모습을 일정한 형식으로 줄여서 나타낸 그림을 말합니다. 땅 위의 다양한 모습들을 알아보기 쉽도록 평면에 줄여서 나타낸 그림인데요. 중요한 점은 일정한 비율로 줄였다는 겁니다. 왜 그럴까요? 그건 정확한 지도를 만들기 위해서입니다. 자기 마음대로 줄여서 그린다면 지도를 통해서 땅 위의 모습을 정확하게 살펴보는 것은 불가능할 거예요.

지도
지구 표면의 일부나 전부를 일정한 비율로 줄여, 평면에 기호나 문자로 나타낸 것이다.

예를 들어, 쌤이 새롭게 세계지도를 만든다고 칩시다. 그런데 '일본은 과거에 조선을 식민 지배한 나라라고 했어. 우리에게 잘못했으니까 작게 그려야겠다'라면서 일본을 제주도 정도의 크기로 그려 넣었습니다. 쌤이 그린 지도를 통해 땅 위의 모습들을 정확히 살펴볼 수 없겠지요? 그래서 지도의 개념을 정리할 때는 '일정한 비율'의 의미를 반드시 기억해야 합니다.

그럼 본격적으로 지도에 대해 공부해 볼까요. 지도를 배울 때는 크게 두 가지를 기억해야 해요. 첫 번째는 지도의 3요소, 두 번째는 지도에서 높낮이를 표현하는 방법입니다. 그럼 지도의 3요소부터 시작해 봅시다.

지도의 3요소

지도의 3요소는 축척, 방위, 기호입니다. 방위와 기호가 쉬우니까 이 녀석들부터 설명할게요.

방위는 앞에서 언급했듯이 동서남북을 가리킵니다. 지도에서 방위는 서북동남 로 표시되는데, 이 표시가 지도에서 동서남북을 알려 준다고 생각하면 됩니다. 만약 패내고국 로 표시된 지도가 있다면, 이때는 왼쪽이 북쪽이 되고, 위쪽이 동쪽이 되겠지요. 하지만 이런 식으로 방위를 표시하는 지도를 본 적은 없습니다. 가끔 학교에서 방위 표시를 정확히 알고 있는지 평가하려고 문제로 출제하는 경우는 있겠지요. 우리가 보는 대부분의 지도는 방위 표시를 생략하고 있습니

다. 일반적으로 모든 지도가 당연히 4방위를 사용하기 때문에 표시하지 않더라도 큰 문제는 없는 거지요. 생략되었을 때는 위쪽이 북쪽, 오른쪽이 동쪽이 됩니다.

기호는 땅 위의 다양한 모습들을 일정하게 표현하기로 한 약속입니다. 그림으로 하나하나 그려 넣는다면 지도가 너무 복잡해지지 않겠어요? (서울의 지도를 그린다고 가정했을 때, 작은 종이 위에 서울의 모습을 자세하게 그려 넣으려고 한다면 일단 그려 넣을 자리도 모자랄 뿐 아니라 오히려 알아볼 수 없을 거예요.) 또한 그림을 그렸다고 하더라도 사람마다 그 의미를 다르게 해석할 수 있습니다. 지도의 그림이 무엇을 의미하는지 정확히 알 수가 없죠. 예를 들어 지도 위에 아래와 같은 그림이 있다고 해 봅시다.

아래 그림의 땅이 논인지, 밭인지 쉽게 구분할 수 있겠어요?

그래서 이런 문제점들을 해결하기 위해 땅 위의 모습들을 일정하게 표현하기로 약속했는데, 이것이 바로 기호랍니다.

이제 축척을 살펴볼게요. 축척은 조금은 어려우니까 집중해서 읽어야 해요. 알았지요?

축척은 일정한 비율로 줄여서 나타낸 정도를 의미합니다. 지도의 개념을 설명하면서 일정한 비율이 중요하다고 했지요? 그 일정한 비율로 줄인 것을 축척이라고 합니다.

여러분이 학교에서 지도를 공부할 때 지도에 '1:25,000' 또는 '1:50,000'이라는 비율이 표시된 것을 볼 수 있을 거예요. 꼭 이 두 가지만 있는 건 아니고요. 가장 많이 사용되는 축척이어서 예로 든 거랍니다.

지도에 표시된  같은 비율들이 바로 축척 표시입니다.

축척에서 사용되는 거리 단위는 cm야!

지도에 사용되는 거리 단위는 ㎝(센티미터)입니다. m(미터)나 km(킬로미터) 혹은 ㎜(밀리미터)가 아니라 ㎝를 사용해요. 왜 지도에서는 ㎝를 사용할까요? 우리 친구들이 스스로 생각해 보면 좋겠습니다.

m나 km를 사용하는 것은 불가능하겠죠? 지도는 땅 위의 실제 모습을 일정한 비율로 줄여서 알아보기 쉽게 만든 것인데, m나 km를 사용한다면 너무 큰 지도가 될 거예요. 100m, 100km 지도가 가능할까요? 볼 수도 없고, 가지고 다니기도 불가능하겠죠? 그렇기 때문에 ㎝를 사용하는 것이랍니다.

㎜는 왜 안 되냐고 묻는 친구들도 있겠죠? ㎜는 너무 작잖아요. 우리가 2㎝, 3㎝는 구분하고 알아볼 수 있어도 2㎜, 3㎜를 구분하고 알아보는 것은 불가능하잖아요. 할 수 있다고 주장하는 친구들이 있다면 '대단하다!'라고 말해 줄게요. 쌤은 구분 못 해요. 그렇기 때문에 지도는 사람들이 쉽게 구분할 수 있고 가지고 다닐 수 있는 ㎝를 단위로 사용하고 있답니다.

축척 1:25,000의 의미는 실제 거리 25,000㎝가 지도에서 1㎝로 표시된다는 뜻입니다. 1:50,000은 실제 거리 50,000㎝가 지도에서 1㎝로 나타난다는 뜻이고요.

축척의 의미를 정확히 알면 지도에서 더 많은 정보를 얻을 수 있어요. 아래의 지도를 예로 들어 볼게요. 축척 1:50,000인 지도에 친구들의 집과 놀이동산이 있습니다. 지도를 살펴보니 집과 놀이동산의 거리가 4㎝네요. 그렇다면 실제 거리는 얼마일까요? 축척이 1:50,000이라고 했죠? 그렇다면 실제 거리 50,000㎝가 지도상에 1㎝로 표시되는 거네요. 그럼 지도에서 4㎝라면? 실제 거리는 50,000 * 4 = 200,000㎝ = 2,000m = 2㎞가 되겠군요. 집과 놀이동산의 실제 거리는 2㎞랍니다.

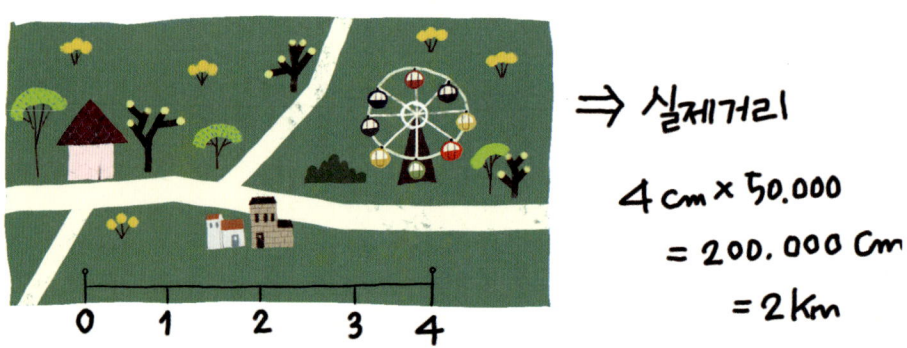

이렇게 지도를 통해 실제 거리를 확인할 수 있습니다. 다음으로, 지도에서 땅의 높낮이를 확인하는 방법을 살펴볼게요. 지도에서 높낮이를 알 수 있는 방법은 두 가지예요. 하나는 색깔이고 다른 하나는 등고선입니다. 색깔을 통해서 높낮이를 확인하는 방법은 쌤이 설명하지 않아도 우리 친구들이 이미 알고 있을 거예요.

　지도를 보면 어느 곳이 육지이고 바다인지, 어디에 높은 산이 있고 평야가 있는지, 바다의 수심은 깊은지 얕은지를 구분할 수 있습니다. 초록색이나 노란색 혹은 갈색이나 고동색으로 표시되어 있다면 육지이고, 파란색으로 표시되어 있다면 강이나 바다입니다. 또 높이가 높아지거나 깊이가 깊어질수록 색이 진하지요. 육지의 경우에는 초록색 ⇨ 노란색 ⇨ 갈색 ⇨ 고동색 순으로 높이가 높아지고, 바다는 수심이 얕으면 연한 하늘색으로, 수심이 깊은 지역은 진한 파란색으로 표시된답니다.

그럼 등고선을 배워 볼까요? 등고선은 평균 해수면을 기준으로 같은 높이의 지점을 연결한 선을 말합니다. 지도에서 높이를 표현하려고 만든 가상의 선이에요. 그런데 육지의 높이를 재려면 분명한 기준이 필요하겠지요. 땅의 높이를 재는 기준은 바다입니다. 바다를 0으로 놓고 거기서부터 육지의 높이를 재는 것이지요. 하지만 바다는 항상 출렁이면서 움직이지요. 바다의 높이를 재기가 힘듭니다. 그래서 파도가 올라올 때와 내려갈 때의 높이를 평균 내서 기준을 정했습니다. 그게 바로 평균 해수면이에요. 바닷물의 평균적인 높이라고 생각하면 됩니다. 우리는 등고선을 이용해 지도에 주변 지역보다 높은 곳이나 낮은 곳, 산 등을 표시할 수 있어요.

등고선은 보통 지도에서 아래 그림처럼 나타납니다. 등고선에 관해서는 두 가지만 기억하면 돼요. 첫째, 등고선 안쪽으로 갈수록 높이가 높

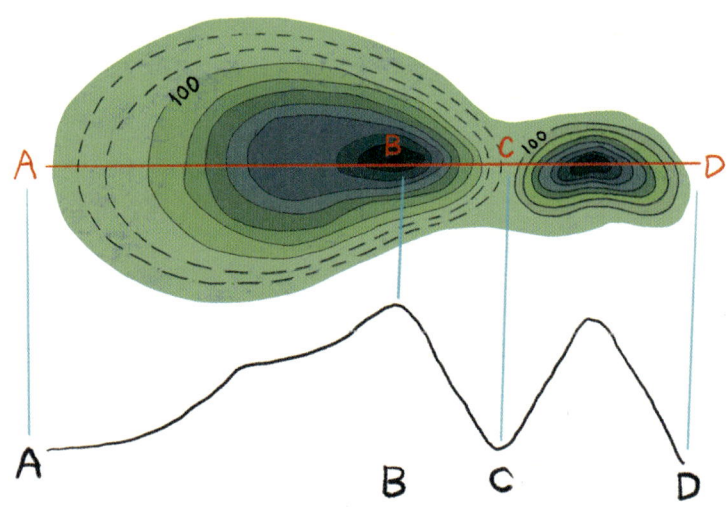

아진다는 것! 그림을 살펴보면 등고선 가장 안쪽이 산의 정상이고, 바깥쪽은 산의 아랫부분 혹은 평야 지역이 됩니다. 둘째, 등고선의 간격! 간격이 넓으면 경사가 완만하고 간격이 좁으면 경사가 급해진답니다.

오늘은 쌤과 우리 친구들이 정말 어려운 내용들을 살펴봤는데, 힘들지 않았나요? 힘들었을 거예요. 하지만 분명 웃으면서 공부할 수 있다고 쌤은 믿고 있습니다. 정말 고생 많았고요. 다음 시간에는 우리나라의 자연환경에 대해 공부하겠습니다.

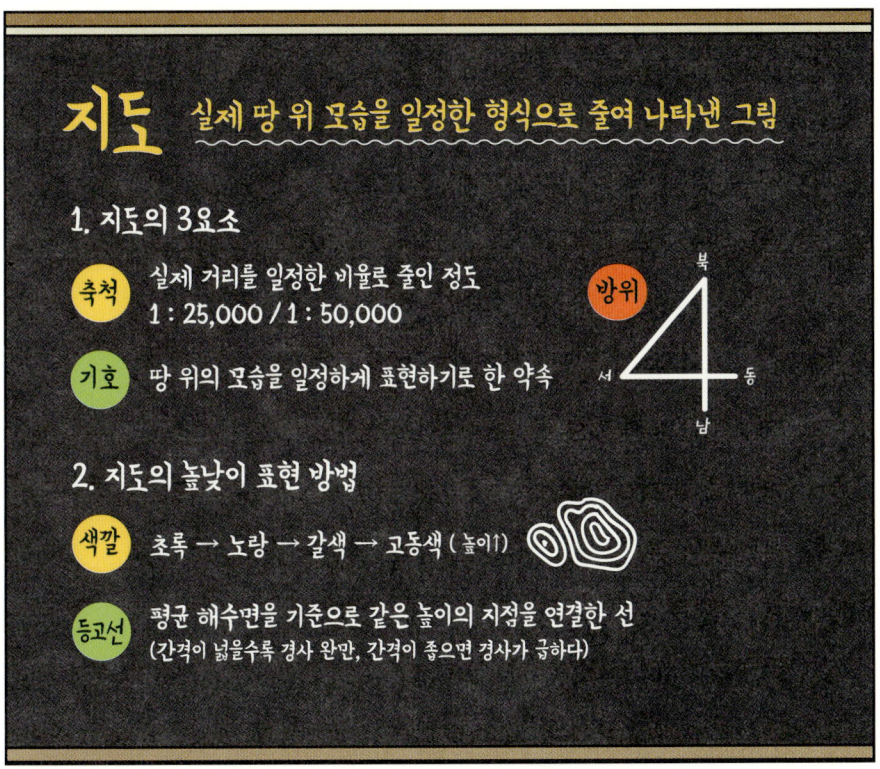

4교시

한강은 왜 동쪽에서 서쪽으로 흐를까?

울퉁불퉁 울긋불긋 땅의 모양

우리 국토의 자연환경 1
(지형 편)

오늘은 우리 국토의 자연환경이라는 주제로 이야기를 나눠 보도록 할게요. '국토'라는 단어가 낯설게 느껴지나요? 쌤이 지난 수업 마지막에 다음 시간에는 우리나라의 자연환경에 대해 공부한다고 했어요. 국토는 나라와 비슷한 의미입니다. 물론 똑같지는 않아요.

'국토'라는 말은 사람들이 살아가는 삶의 터전이 되는 공간을 뜻해요. 우리 조상들이 살아왔고, 우리가 살고 있고, 앞으로 우리 후손이 살아갈 삶의 터전을 우리 국토라고 부른답니다. 쉽게 생각하면 한반도가 되겠지요. 하지만 단순히 한반도의 육지만을 의미하는 것은 아니에요. 우리 민족이 생활하는 바다와 하늘까지도 포함하는 개념이랍니다. 즉, 국토는 영토와 영해, 영공을 모두 포함하는 말이에요. 정확히 표현하면, 대한민국 국토는 대한민국의 주권이 미치는 영토(땅), 영해(바다), 영공(하늘)을 뜻합니다. 대한민국의 국토에 대해 구체적으로 살펴볼게요.

대한민국의 영토는 한반도와 그 부속 도서입니다. 부속 도서란 '속해 있는 섬들'을 뜻한답니다. 대한민국의 영토는 한반도와 한반도 주변 섬들을 뜻한다고 보면 돼요. 제주도나 울릉도, 독도가 대한민국의 영토가 되는 거예요.

영해(바다)는 전 세계 국가들 간에 정해 놓은 약속에 따라 구분됩니다. '얼마나 먼 곳까지 그 나라의 바다로 인정할 것이냐'라는 부분에 대해 나라마다 이해관계가 다르기 때문에 국제적인 규칙을 정했다고 생각하면 돼요. 국제법에 의하면 각 나라의 영해는 기선(기준이 되는 선)으로부터 12해리(1해리=1,852m)로 정해져 있답니다. 물론 우리나라의 영해도 국제법에 따라 정해져 있습니다.

기선이 표시된 영해 지도

그렇다면 기선은 어떻게 정해지는지 공부해 볼까요? 59쪽의 지도를 보면, 우리나라 동해의 기선과 서해, 남해의 기선이 조금 다르다는 것을 알 수 있어요.

기선을 정할 때 우리나라의 동해처럼 섬이 없는 바다는 썰물일 때 해안선(최저조위선)을 기선(통상 기선)으로 정하고, 서해나 남해처럼 섬이 많은 바다는 가장 외곽에 위치한 섬들을 연결해서 기선(직선 기선)으로 정한답니다.

마지막으로 영공에 대해 살펴볼게요. 사실 영공에는 정확한 규정이 없어요. 일단 영토와 영해의 상공(하늘)을 그 나라의 영공으로 인정하는데, 하늘이 어디까지인지가 애매하지요. 하늘 위로 계속 올라가면 우주까지도 포함되는가 하는 문제가 생길 수도 있어요. 그래서 현실적으로는 비행기가 다니는 높이까지 그 나라의 영공으로 인정하고 있답니다. 그래서 영공은 높이보다는 주로 영토와 영해의 상공, 즉 범위를 중요하게 생각해요. 물론 과학 기술이 발전하면서 높이에 대한 중요성도 점점 강조되고 있답니다.

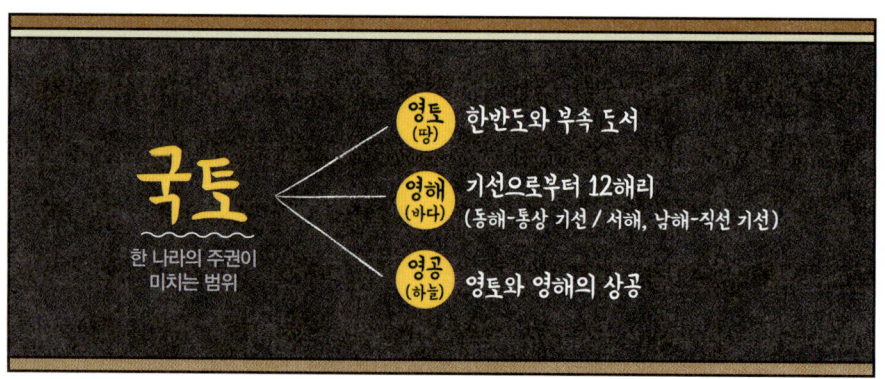

지금까지 우리나라의 국토에 대해 살펴봤네요. 그럼 이제 본격적으로 우리 국토의 자연환경에 대해 이야기해 볼게요.

우리나라 지형의 특징

우리 국토의 지형에 대해 수업하기 전에 먼저 아래쪽 지도를 확인해 주면 좋겠네요.

지도에서 좀 특별한 게 보이나요? 특별한 걸 찾기 어렵다면, 그냥 눈에 보이는 걸 이야기해 봐요. 그게 바로 우리나라 지형의 특징이 될 테니까요. 그럼 쌤이 정리해 보도록 하겠습니다.

첫 번째, 지도를 보면 한반도의 대부분이 노란색이나 갈색으로 되어 있네요. 초록색으로 표시된 부분은 서쪽과 남쪽에 조금 있고요. 동쪽은 남북으로 길게, 북쪽은 상당히 넓은 지역에서 노란색과 갈색을 볼 수 있습니다.

지난 수업에서 지도에 표시되는 색깔의 의미에 대해 공부했는데, 우리 친구들도 기억하고 있죠?

지도에서 색깔은 무엇을 의미한다고 했나요?

와, 이젠 대답을 잘하는군요. 바로 그거예요. 쌤만 이야기하거나 우리 친구들이 혼자 책을 읽는 것이 아니라 서로 대화하는 것이랍니다.

지도에서 색깔은 땅의 높낮이를 표시한다고 했어요. 땅의 높이가 낮은 지역은 초록색, 높이가 높아지면 노란색이나 갈색 혹은 고동색으로 표시한다고 했습니다. 그런데 우리 국토를 살펴보면 대부분이 노란색이나 갈색이네요. 이게 바로 우리나라 지형의 첫 번째 특징이랍니다. 전 국토의 약 70퍼센트가 산지로 이루어져 있어요.

그럼 두 번째 특징도 살펴볼까요? 두 번째 특징은 동고서저(東高西低)의 지형입니다. '동고서저'란 '동쪽은 높고 서쪽은 낮다'는 뜻입니다. 지도를 보면, 서쪽은 주로 초록색으로 그리고 동쪽은 노란색으로 표시되어 있잖아요. 그래서 동고서저의 지형이랍니다. '북쪽하고 남쪽은요?' 하고 질문하는 친구들도 있을 거예요. 좋은 질문이에요. 쌤이 북쪽하고 남쪽보다 동쪽과 서쪽을 더욱 중요하게 생각하는 이유를 알려 줄게요.

힌트가 될 질문이 생각났어요. 친구들! 물은 어디서 어디로 흐르나요? 여러분이 대답하는 걸 망설일까 봐 이번에는 특별히 객관식으로 준비했습니다.

① 동쪽에서 서쪽으로
② 서쪽에서 동쪽으로
③ 북쪽에서 남쪽으로
④ 남쪽에서 북쪽으로

몇 번인가요? 답을 골랐나요? 3번을 고른 친구들이 많은 것 같은데, 3번은 답이 아닙니다. 그럼 몇 번이 답이냐고요?

잘 생각해 봐요. 물은 흐르는 방향이 정해져 있지 않아요. 그냥 높은 곳에서 낮은 곳으로 흐른답니다. '에이, 그게 뭐예요. 당연하잖아요'라고 핀잔을 주는 친구들이 있는데, 그럼 왜 틀렸나요? 당연하다면, 정답을 찾을 수 있어야죠.

3번이라고 대답한 친구들은 잘못된 고정 관념 때문에 틀렸다고 생각하면 돼요. 우리는 흔히 북쪽이 위쪽이라고 생각하는데, 그게 높다는 뜻은 아니거든요. 물은 높은 곳에서 낮은 곳으로 흐른다고 했어요. 만약에 남쪽이 높고 북쪽이 낮다면, 물은 남쪽에서 북쪽으로 흐를 거예요. 실제로 러시아의 강들은 대부분 남쪽에서 북쪽으로 흐른답니다. 이제 이해할 수 있겠지요?

쌤이 갑작스럽게 물이 흐르는 방향을 이야기했는데, 그 이유는 바로 우리나라가 동고서저의 지형인 것과 관련이 있기 때문이에요. 우리나라의 하천을 살펴보면 대부분이 서해안으로 흐르는 것을 알 수 있어요. 육지에서 파란색으로 표시된 부분이 강인 건 알죠? 지도에 표시된 대부분의 강들이 동쪽에서 서쪽으로 흐르고 있답니다.

그리고 하나 더! 과학 시간에 강의 상류에서는 침식 작용이 일어나고 강의 하류에서는 퇴적 작용이 일어난다는 것을 공부했을 거예요. 혹시 모르는 친구들이 있다면, 이건 과학 선생님께 여쭤 보길 바랍니다. 강의 하류에서 퇴적 작용이 활발하게 나타나면 평야가 형성됩니다. 우리나라 평야의 대부분이 서해안 쪽에 나타나는 것도 동고서저의 지형적 특징에

사회 과목을 공부하는 학습 습관

초등학교 사회 교과 과정은 우리에게 단순히 지식의 습득만을 강요하지 않아요. 사회 공부의 필요성을 인식하고 흥미를 느낄 수 있도록 하지요. 무엇보다 올바른 학습 습관을 갖도록 구성되어 있답니다. 그런데 현실은 모두가 시험 성적이라는 틀에 갇혀서 생각을 합니다. 그래서 학교 시험에 나오는 문제를 잘 짚어 주고, 요점 정리 노트를 만들어 주고, 암기시키고, 암기했는지를 확인해 주는 선생님과 그 수업을 최고라고 생각하기 쉽지요.

하지만 잘 생각해 봐요. 과연 그러한 공부가 중학교, 고등학교에서도 통할까요?

흔히 말하는 머리 좀 좋은 학생이라면, 중학교 과정까지는 충분히 할 수 있을 거예요. 고등학교에 가면 어떻게 될까요? 분명 중학교와는 다를 거예요. 일단 외워야 할 내용이 너무 많아지거든요. 초등학교, 중학교 때처럼 단순히 교과서 한 권 외워서 시험을 보는 것이 아니라 몇 권의 책을 공부해야 합니다. 내용도 비교할 수 없을 정도로 어려워지죠. 단순히 암기를 통해서 점수를 올린다는 게 가능할까요? 그리고 무엇보다도 사회만 공부하는 건 아니잖아요. 국어, 영어, 수학, 과학은 어떻게 할 건가요?

중학교까지 성적이 곧잘 나오던 친구들도 고등학교에 가면 점수가 뚝뚝 떨어지는 경우가 정말 많아요. 그 친구들은 말합니다. '아, 나는 머리가 안 좋은가 보다. 나는 공부 못 하는구나'라고 말이죠. 쌤은 그런 학생들을 볼 때마다 너무 안타까워요. 머리의 문제가 아니거든요. 공부하는 방법이 잘못된 것이죠. 그리고 그때는 이미 너무 늦었어요. 학습 습관은 외워서 되는 부분이 아니니까요. 그건 말 그대로 습관이에요. 나도 모르는 사이에 저절로 몸에 배는 것이죠. 그리고 지금 책을 읽는 우리 초등학교 친구들이 바로 그 학습 습관을 몸에 익힐 나이라는 겁니다.

수동적으로 암기해서 시험을 보는 것이 아니라, 교과서에 나오는 과정을 스스로 이해하고 문제를 풀어야 해요. 스스로 문제를 풀어내는 습관, 끊임없이 생각하고 고민할 수 있도록 만들어 주는 수업이 중요합니다. 그래서 우리 친구들의 호기심을 자극하고 호기심을 함께 해결해 줄 수 있는 선생님, 여러분은 그런 선생님과 사회 공부를 해야 해요. 읽고 있는 이 책이 우리 친구들의 올바른 사회 공부에 조금이나마 도움이 되었으면 좋겠네요.

서 비롯된 것이지요.

이처럼 우리나라의 지형 형성에 있어서 '동고서저의 지형적 특징'이 커다란 영향을 미쳤기 때문에 북쪽과 남쪽을 비교하는 것보다 동쪽과 서쪽을 비교하는 것이 일반적이랍니다.

우리나라의 산맥과 하천

지금까지 우리 국토의 지형적 특징에 대해 살펴봤는데, 여러분이 학교에서 공부할 때는 하나 더 배우는 게 있어요. 최근에는 중학교 과정에서 주로 나오는 내용인데, 일부 초등학교에서도 나오기에 이것도 짚고 넘어갈게요.

바로 우리나라 산맥과 하천의 이름과 위치를 공부하는 것입니다. 이런 내용은 어쩔 수 없이 암기해야 하는 부분이겠지요? 쌤이 단순 암기는 싫다고 했지만, 이름과 위치를 기억해야 하는 것이니까, 이 정도는 노력하자고요.

쌤이 초등 과정에 나오는 산맥과 하천을 지도에 표시했는데, 조금 쉽게 기억할 수 있는 방법을 알려 줄게요. 솔직히 이런 식으로 기억한다는 게 부끄러워요. 하지만 우리 친구들이 이 부분을 암기하다가 '아, 사회 싫어, 그냥 포기할래'라고 이야기할까 봐 약간의 편법을 준비했어요.

일단 산맥부터 시작해 볼게요.

순서대로 보면 북한 쪽으로 강남산맥, 적유령산맥, 묘향산맥, 멸악산맥, 낭림산맥, 마천령산맥, 함경산맥이 있고요, 남한에는 태백산맥, 광주산맥, 차령산맥, 소백산맥, 노령산맥이 있어요.

(① 초등학교, 교과 과정에서 주로 다루는 산맥만을 기술함. ② 차령산맥의 존재와 관련해 학계의 다툼이 있으나, 책에서는 차령산맥을 포함하여 기술함.)

이 산맥들의 이름 첫 글자를 따서 문장을 만들었어요. 아래 문장을 기억하면 산맥의 위치를 기억할 수 있을 거예요. 100퍼센트 딱 맞는 건 아니지만, 그래도 문장을 외워 두면 나중에 산맥의 위치를 기억하는 데 도움이 될 거예요. 정말 은근히 떠오르게 된답니다. 이건 소리 내서 읽어 봐야 진짜 효과가 있어요. 한번 읽어 볼까요?

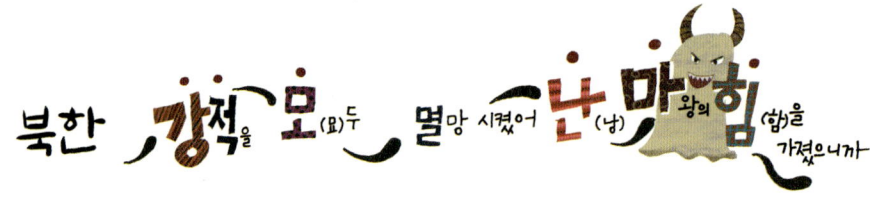

강남산맥-적유령산맥-묘향산맥-멸악산맥-낭림산맥
-마천령산맥-함경산맥

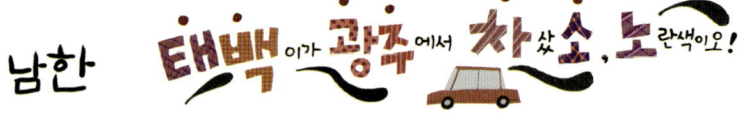

태백산맥-광주산맥-차령산맥-소백산맥-노령산맥

하천은 대부분 서쪽으로 흘러가요. 동해로 흐르는 강은 두만강뿐이지요? 일단 두만강은 특별한 강이니까 기억해 둡시다. 문제는 서쪽으로 흐르는 강들이 너무 많다는 거예요. 순서대로 보면 북한에 압록강, 청천강, 대동강이 있고요, 남한에는 한강, 금강, 만경강, 동진강, 영산강, 섬진강, 낙동강이 있어요. (초등학교 교과 과정에서 주로 다루는 하천만을 기술함.) 이 가운데 섬진강과 낙동강은 남해로 흐르는 강이랍니다.

하천도 역시 첫 글자를 따서 문장을 만들 텐데요, 일단 북쪽에 하천이 적으니까, 금강도 넣어서 만들게요. 이것도 소리 내어 읽어 볼까요?

압록강-청천강-대동강-한강-금강

만경강-동진강-영산강-섬진강-낙동강

다들 '이게 뭐야, 이상해'라고 생각하겠지만, 나중에 학교에서 시험을 볼 때는, 은근히 도움이 될 거예요. 이 부분은 꼭 소리 내어 읽어 보면 좋겠어요. 쌤이 한 번 더 부탁할게요.

> **우리 국토의 지형적 특징**
> 1. 전 국토의 70% 산지
> 2. 동고서저의 지형 → 하천이 서해로 흐름 → 서쪽에 평야 발달

한반도의 해안 지형

다들 알다시피 우리나라는 삼면이 바다로 둘러싸여 있지요. 앞에서 영해를 설명할 때 이야기했듯이 서해안과 남해안의 모습이 비슷하고, 동해안은 다른 두 바다와 차이가 있답니다. 그래서 해안을 공부할 때는 항상 서해안과 남해안을 묶고 동해안과 비교를 해요. 남해안은 서해안과 동해안의 중간적 성격이 나타난다고 볼 수 있기 때문에 주로 서해안과 동해안을 비교하는 문제가 출제되고 있답니다.

동해안은 서해안에 비해 해안선이 단조롭고 수심이 깊습니다. 단조로운 해안선은 영해 수업 때 본 지도를 통해 확인할 수 있을 거예요. 또 밀물과 썰물의 차이(조차)가 작아요. 그래서 모래사장이 발달했고, 해수욕장이 많답니다. 해수욕장이 많으니까 자연스럽게 관광 산업도 발달했겠지요?

> **리아스식 해안**
> 해안선의 굴곡이 심하고 나팔 또는 나뭇가지 모양의 만을 이루는 해안

그에 비해 서해안은 해안선이 매우 복잡해요. 우리는 이런 모습의 해안을 **리아스식 해안**이라고 부른답니다. 수심은 얕고, 조차가 커요. 그래서 갯벌이 발달했답니다.

반도와 한반도

여러분은 반도와 한반도의 차이를 알고 있나요? 의외로 많은 친구들이 구분하지 못하더라고요. 쌤이 정리해 줄 테니까 앞으로는 헷갈리지 말아요.

반도는 삼면이 바다로 둘러싸인 지형을 의미합니다. 우리나라가 위치한 곳이 바로 반도가 되겠지요? '어, 우리는 한반도에 있는데요?'라고 생각하는 친구들, 맞아요. 우리나라는 한반도에 위치하고 있어요. 이게 무슨 소리냐고요?

세계 여러 곳에는 정말 많은 반도가 있답니다. 그리고 각각의 반도에는 모두 이름이 있어요. 스칸디나비아반도, 발칸반도, 인도반도, 말레이반도처럼 말이에요. 그리고 대한민국이 자리 잡고 있는 반도의 이름이 한반도랍니다. 어때요? 이제는 반도와 한반도를 구분할 수 있겠죠?

〈반도〉 삼면이 바다로 둘러싸인 지형
〈한반도〉 대한민국이 자리 잡은 반도의 이름

바다에 놀러 간 적이 있나요? 서해안이나 동해안에 갔다면 모래사장과 갯벌의 차이를 꼭 확인해 보세요. 서해안의 갯벌과 동해안의 모래사장이 헷갈린다면, 조차를 기억하면 돼요.

조차가 크다는 건 밀물과 썰물의 차이가 크다는 것이고, 그건 바닷물에 잠겼다가 드러나는 땅이 넓다는 뜻입니다. 물에 잠겼다가 나오기를 반복한다면 그 땅은 분명 질퍽해지겠죠? 그게 바로 갯벌이랍니다. 서해의 큰 조차가 갯벌을 발달시켰다고 생각하면 돼요.

이제 서해안과 동해안이 구분이 되나요?

학교 시험에서도 비교하는 문제로 종종 출제되니까 잘 기억해 둡시다. 아, 남해안의 특징을 이야기할 때는 항상 섬이 많다는 뜻의 '다도해'라는 표현이 등장하니까, 이것도 기억해 두면 좋겠네요.

지금까지 우리 국토의 지형에 대해 공부했어요. 다음 수업에서는 우리 국토의 기후에 대해 공부해 보도록 할게요.

우리나라의 해안 지형		동해안	서해안
	해안선	단조롭다	복잡하다
	수심	깊다	얕다
	조차	작다	크다
	발달 지형	모래사장	갯벌

겨울철에 동해안이 서해안보다 따뜻한 이유?

열대부터 한대까지 다양한 삶의 모습

우리 국토의 자연환경 2
(기후 편)

지난 수업에 이어서 우리 국토의 기후를 살펴보도록 할게요. 기후가 무엇인지에 대해서는 쌤이 앞에서 설명했습니다. 다들 잘 알고 있을 거예요. 그럼 한번 이야기해 볼까요? 기후가 무엇인가요?

기후는 오랜 기간 나타나는 대기의 종합적이고 평균적인 상태라고 말했어요. 기온과 강수량이 대표적인 기후 요소가 된다고도 했습니다.

이번 시간에 우리가 공부할 주제는 세계의 주요 기후입니다. 초등학교 교과 과정에서 다루고 있는 기후의 종류와 특징에 대해 공부할 거예요. 더불어 우리나라의 기후 특징에 대해서도 살펴보겠습니다.

위도와 기온의 관계

앞에서 위도는 기후와, 경도는 세계 시간과 밀접한 관련이 있다고 한 적이 있습니다. 오늘은 두 가지 가운데 위도와 기후(특히 기온)의 관계를 공부하도록 할게요.

75쪽의 그림은 태양과 지구의 모습을 나타낸 것입니다. 그림을 보면

적도와 북극이 표시되어 있어요. 적도는 위도 0도, 북극은 위도 90도가 되겠지요. 그리고 위도에 따라 지구를 다시 3등분을 합니다. 이때 0~30도 사이를 저위도(A), 30~60도는 중위도(B), 60~90도는 고위도(C)라고 부릅니다.

지금부터가 정말 중요한 부분인데, 위도에 따라 일정한 면적에 도달하는 태양 에너지의 양이 달라집니다. 흠, 어렵군요. 좀 더 쉽게 설명해 줄게요.

그림을 보면 태양의 빛이 지표면에 도달하는 각도가 다르다는 것을 알 수 있어요. 저위도 부근은 수직으로 비추는데, 중위도에서 고위도로 갈수록 비스듬하게 비춥니다.

다음 쪽의 그림을 볼까요?
학교 과학 시간에 실험하는 내용이에요. 배운 친구들도 있고, 아직 배

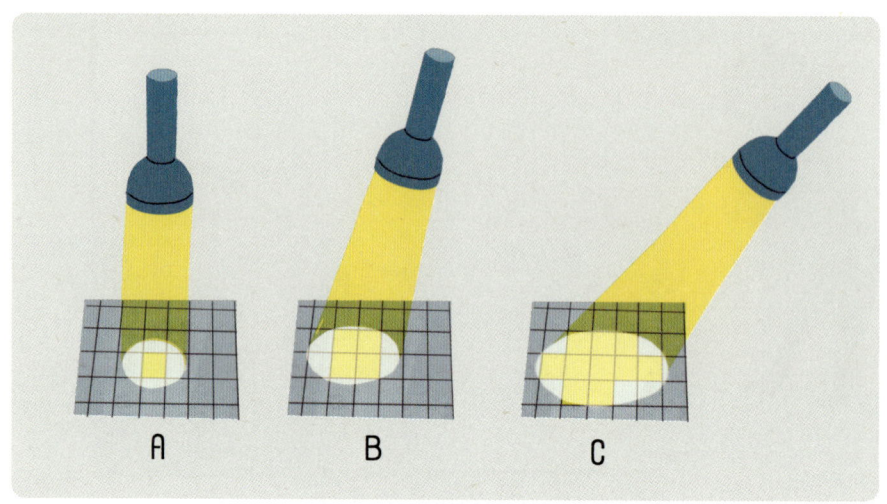

우지 않은 친구들도 있을 거예요. 손전등으로 모눈종이를 비추는데요. 손전등을 수직으로 세운 그림이 A, 손전등을 비스듬하게 세운 그림이 B, 그리고 거의 옆으로 눕혀서 비추는 그림이 C입니다. A에서 C로 갈수록 더 넓은 범위를 비추게 되는 건 알 수 있지요? 하지만 우리가 생각해야 할 부분은 따로 있어요. 일정한 범위가 아니라 일정한 면적에 도달하는 에너지를 생각해야 한답니다.

손전등이 가지고 있는 에너지가 100이라고 가정했을 때, A의 실험은 모눈종이 1칸을 비추고, B의 실험은 4칸, C의 실험은 10칸을 비추고 있습니다. 그렇다면 모눈종이 한 칸이 받는 에너지를 생각해 보자고요.

전체 에너지 100을 모눈종이의 칸 수대로 나눈다고 한다면 각각의 실험에서 모눈종이 한 칸이 받는 에너지가 A는 100, B는 25, C는 10이 될 거예요. 이 실험을 지구와 태양에 적용하면 쉽게 위도와 기온의 관계를 이해할 수 있답니다.

다시 75쪽 그림을 볼까요? 저위도 지역은 태양 에너지가 수직으로 도달하고 있어요. 중위도는 비스듬하게 기울어져 도달하고요, 고위도는 76쪽 실험 C와 같은 형태로 태양 에너지가 전달되고 있네요. 바로 이것이랍니다. 저위도에서 고위도로 갈수록 일정한 면적이 받는 태양 에너지의 양이 줄어들고 있어요. 그렇다면 기온은 어떻게 될까요? 당연히 저위도 지역이 가장 뜨겁고 중위도, 고위도로 갈수록 낮아지겠지요? 이게 바로 적도가 뜨겁고 극지방이 추운 이유랍니다.

그러니까 위도에 따라 일정한 면적에 도달하는 태양 에너지의 양이 달라지기 때문에, 저위도에서 고위도로 갈수록 기온이 낮아지게 되는 거랍니다. 참, 재밌지 않나요?

과학 시간에 했던 실험이 사회 수업에 응용돼요. 이게 바로 통합 교과라는 거예요. 최근에 통합 교과라는 말이 유행처럼 퍼지고 있어요. 다양한 과목들을 연계해서 하나의 진리를 탐구한다는 말이지요. 거창하게 들리지만 조금 전에 살펴본 것과 같은 이치랍니다. 한 과목의 방법으로만 접근하는 것이 아니라 다양한 과목의 관점에서 바라보는 것이지요.

기후의 종류

보통 기후는 초등학교 5학년 이후에 공부하는 내용이지만, 어린 친구들도 알아 두면 좋겠네요.

대부분의 학교에서는 기후를 열대 기후, 건조 기후, 온대 기후, 냉대 기후, 한대 기후의 순서로 가르칩니다. 적도부터 북극까지 나타나는 기후의 순서에 따라서 공부하는 방법인데요, 쌤은 조금 다르게 수업하려고 합니다. 학교의 방법이 잘못된 것은 아니지만, 기후를 이해하려면 쌤의 방식이 더 좋을 것 같아서요.

쌤은 기후를 열대 기후, 온대 기후, 냉대 기후, 한대 기후 그리고 건조 기후로 구분해 볼게요. 이제는 눈치챈 친구도 있을 듯한데, 우린 무슨 생각을 해야 한다고요? 맞아요. 바로 기준이에요.

강수량 500㎜의 비밀

기후를 구분하는 기준은 이미 우리가 공부했던 내용들입니다. 기후를 대표하는 두 가지, 기억하나요? 이야, 이번에도 대답했군요. 강수량과 기온, 이 두 가지가 기후를 구분하는 기준이 돼요.

우선 연평균 강수량 500㎜를 기준으로 건조 기후인지 아닌지 구분합니다. 건조 기후는 연평균 강수량이 500㎜ 미만인 지역을 말해요. 강수량이 적으니까 무척 건조하겠지요? 그래서 건조 기후입니다.

지금 혹시 궁금한 게 있나요? '왜 하필 500㎜일까?'라는 점 말이에요. 100㎜가 될 수도 있고, 1,000㎜가 될 수도 있을 텐데, 500㎜를 기준으

강수량 500mm ↓		기온 ↑ --------------------------- 기온 ↓ 저위도 --------------------------- 고위도			
건조 기후		저위도	중위도		고위도
사막	스텝	열대	온대	냉대	한대
식물 X 인간 X 강수량 0~250mm	농사 X 식물 O 강수량 250~500mm	일 년 내내 벼농사 (2~3회)	벼농사 가능 사람이 살기에 적합 적당히 따뜻한 기후	벼농사 X 밭농사 O	농사 X 기온 ↓ 이누이트족

로 정한 이유는 무엇일까요? 쌤이랑 같은 궁금증을 가졌다면, 크게 칭찬해 주고 싶네요.

답은 그 수치가 인간의 삶과 밀접한 관련이 있기 때문이랍니다. 연평균 강수량 500㎜는 농사를 지을 수 있는 최소한의 물의 양이에요. 즉, 500㎜보다 강수량이 적으면, 그 지역에서는 농사를 지을 수 없다는 뜻입니다. 다시 말하자면 건조 기후 지역에 살고 있는 사람들은 농사를 짓지 못한다는 뜻이랍니다.

사막과 스텝

건조 기후를 다시 두 가지로 구분하는데 이때의 기준도 강수량이 됩니다. 연평균 강수량이 0~250㎜인 지역은 사막, 250~500㎜인 지역을 스텝이라고 불러요. 사막은 강수량이 너무 적기 때문에 선인장을 제외한 대부분의 식물들은 살 수가 없어요. 우리가 흔히 떠올리는 사막을 생각하면 됩니다. 그래서 사막은 인간의 거주가 불가능한 지역이 되는 거예요. '사막에 사는 사람들도 있던데요?'라고 질문하는 친구들이 있겠지요? 그건 예외적인 경우예요. 우리는 일반적인 내용을 공부한다고 생각하면 돼요. 대부분의 사람들은 사막에서 살 수 없을 테니까요. 즉, 사막은 식물도 자라지 못하기 때문에 인간의 거주가 불가능한 지역입니다.

그렇다면 스텝 지역은 어떨까요? 스텝 지역도 물이 풍부한 건 아니에요. 하지만 농사를 짓지 못해도 식물은 자라요. 그렇다고 나무들이 쑥쑥 자라는 건 아니고, 물이 부족하기 때문에 작은 풀들이 듬성듬성 자란다고 생각하면 돼요. 그러면 스텝 지역에서는 사람들이 살 수 있을까요?

정답은 '살 수 있다'입니다. 그러면 농사를 짓지 못하고 풀만 조금씩 자라는 스텝 기후 지역의 사람들은 무엇을 먹을까요? '풀'이라고 대답한 친구는 조금만 더 생각해 봐요. 이 지역의 사람들은 풀을 먹는 동물들을 키우면서 생활합니다. 아마 여러분도 들어 본 적이 있을 것 같은데, 초원에서 양이나 말과 같은 동물들을 키우면서 이리저리 이동하는 생활을 무엇이라고 하나요?

맞아요, 유목입니다. 스텝 지역에 살고 있는 사람들은 유목 생활을 해요. 이동을 하는 이유는 한곳에 풀이 많지는 않기 때문에 동물들이 먹을

풀이 자라는 곳을 찾아다니는 것이고요.

기온에 따른 기후 구분

연평균 강수량이 500㎜ 이상인 지역을 기온에 따라 다시 나눕니다. 기온이 높은 순서에 따라 열대 기후, 온대 기후, 냉대 기후, 한대 기후로 구분하지요. 저위도에서 고위도로 가면서 나타나는 기후들이라고 생각하면 돼요. 저위도 지역에서는 열대 기후, 중위도 지역에서는 온대 기후와 냉대 기후, 고위도 지역에서는 냉대 기후와 한대 기후가 나타나요. 위도와 정확하게 일치하는 건 아니고 지역별로 조금씩 차이는 있어요. 하지만 큰 범주를 벗어나지는 않습니다.

건조 기후를 정하는 강수량의 기준은 반드시 알아 두어야 해요. 하지만 건조 기후 이외의 기후를 나누는 기온의 수치는 언급하지 않을게요. 기온이 아주 높으면 열대 기후, 따뜻하면 온대 기후, 추우면 냉대 기후, 북극처럼 추위가 심하면 한대 기후, 요만큼만 기억해도 충분하답니다. 그래도 각 기후의 특징을 알아 두는 것은 중요해요.

우리가 살고 있는 온대 기후부터 시작할게요. 온대 기후는 온화한 기후라고 생각하면 돼요. 사람이 살기에 가장 적합한 기후랍니다. 온대 기후에는 우리나라처럼 여름철에 고온 다습하고 겨울철에 한랭건조한 계절풍 기후도 있고, 서부 유럽처럼 기온의 변화가 크지 않고 연중 고른 강수량을 나

타내는 온대해양성 기후도 있습니다. 남부 유럽처럼 여름철에 고온건조하고 겨울철에 온난습윤한 지중해성 기후도 있고요.

지금 이야기한 기후들은 모두 온대 기후의 종류예요. 차이가 조금씩 있지만, 모두 사람이 살기에 적합하고 적당히 따뜻한 기후입니다. 학교에서는 주로 우리나라의 계절풍 기후와 관련해서 공부하게 될 텐데요. 온대 기후는 특히 벼농사가 가능한 지역이라는 것을 기억해 둡시다.

벼는 재배 조건이 매우 까다로운 작물이에요. 아무 곳에서나 재배되는 것이 아니라 고온다습한(기온이 높고 강수량이 많은) 지역에서만 재배할 수 있습니다. 우리나라는 여름철의 고온다습한 기후가 벼농사의 재배 조건을 충족하지요. 우리나라의 기후에 관해서는 뒤에서 자세히 살펴봅시다.

냉대 기후는 온대 기후에 비해 기온이 낮아서 벼농사를 지을 수 없어요. 하지만 밭농사는 가능합니다. 벼를 재배할 수 없는 것이지 다른 작물의 재배도 불가능한 것은 아니에요. 그렇기 때문에 냉대 기후 지역의 사람들도 농사를 지으면서 생활하고 있답니다.

한대 기후에서는 농사를 지을 수 없어요. '선생님, 여기는 왜 농사를 지을 수가 없나요?' 하는 표정을 짓는 친구들이 보이네요. 기분 좋은데요? 쌤이 호기심은 공부를 잘하는 첫걸음이라고 했잖아요. 책을 읽으면서 점점 발전하는 친구들의 모습을 보니 행복하네요.

이누이트족
북극, 캐나다, 그린란드 및 시베리아의 북극 지방에 사는 인종. 피부는 황색으로 주로 수렵·어로에 종사하고, 여름에는 흩어져 살다가 겨울에는 집단으로 거주함.

한대 기후 지역에서 농사가 불가능한 이유는 기온이 너무 낮기 때문이에요. 너무나 춥기 때문에 농사를 지을 수가 없어요. 하지만 사람이 살 수는 있어요. 한대 기후 지역에도 작은 풀과 이끼류는 자라고 순록, 물범 등 동물들이 살고 있어요. 이런 동물들을 사냥하거나 물고기를 잡아서 생활하는 거예요. 우리가 알고 있는 **이누이트족**(에스키모)이 대표적인 이곳에 사는 사람들이에요.

마지막으로 열대 기후를 살펴볼게요. 여기는 일 년 내내 뜨겁고 비가 많이 내려요. 그래서 벼농사를 1년에 2~3회 할 수 있는 지역으로 기억해 두면 좋겠네요.

지금까지 세계의 주요 기후에 대해 살펴봤습니다. 실제로는 쌤이 말해 준 것보다 훨씬 더 다양한 특징들이 있답니다. 여기서는 초등학교 교과 과정에서 다루는 내용만을 알아봤다고 생각하면 될 거예요.

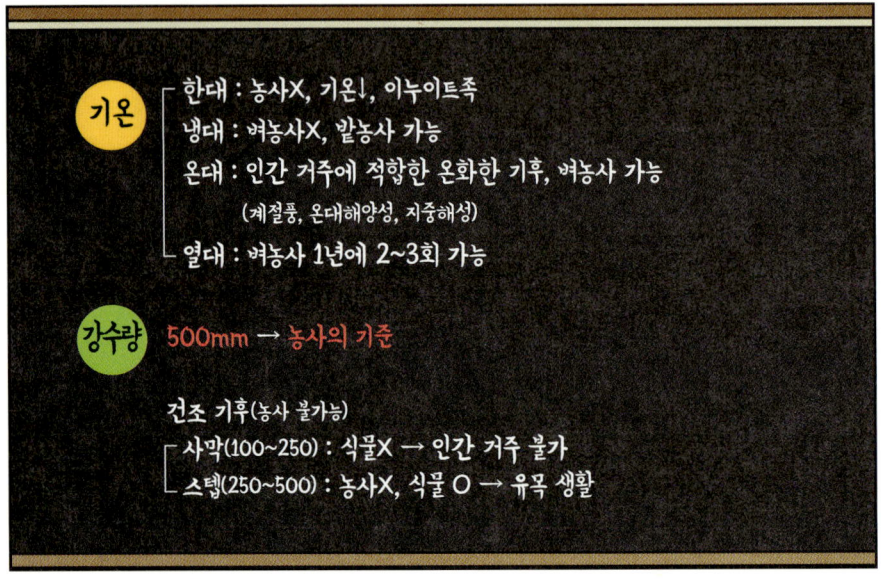

이제 오늘 수업의 두 번째 주제를 살펴볼까요? 바로 우리나라 기후의 특징입니다. 우리나라 기후의 특징을 알기 위해서는 먼저 우리나라에 영향을 끼치는 기단을 살펴봐야 해요. '기단'이라는 말에 당황했나요? 괜찮아요. 쌤이 처음 등장하는 용어들은 설명해 줄 테니까 걱정하지 말아요.

기단의 종류

기단은 같은 성질을 갖는 공기 덩어리를 말해요. 우리나라 주변에서 영향을 끼치는 기단은 모두 5개가 있어요. 시베리아 기단, 양쯔강 기단, 오호츠크해 기단, 북태평양 기단, 적도 기단입니다. 기단의 이름은 어디에서 만들어지느냐에 따라 붙여진답니다. 시베리아에서 만들어지면 시베리아 기단, 양쯔강 부근에서 형성되면 양쯔강 기단이 되는 거지요. 초등학교에서는 이 가운데 북태평양 기단과 시베리아 기단만 공부해요. 하지만 나머지 기단들에 대해서도 간단히 살펴보도록 할게요.

여러분이 학교에서 기단을 공부할 때는 보통 각 기단의 성질, 우리나라에 영향을 미치는 계절 등을 암기하려고 노력합니다. 그런데 이 내용들은 우리가 외우지 않아도 돼요. 왜냐하면 이미 다 알고 있거든요. 다들 한국에서 10년 넘게 살았잖아요? 우리나라의 봄, 여름, 가을, 겨울에 대해 모르는 학생 있나요? 당연히 없겠죠. 바로 그거예요. 우리가 이미 경험을 통해 알고 있는 사실들을 교과서에서는 이론적으로 정리한 것뿐이랍니다. 이건 외워야 하는 게 아니라 지금까지 대한민국에서 살아온 여러분의 경험을 떠올려야 하는 부분인 거죠. 만약 해외에서 오랜 기간 생활하다가 온 사람이 있다면, 그 친구는 예외로 할게요.

그럼 기단의 성질을 먼저 살펴볼까요? 시베리아 기단은 한랭건조, 오호츠크해 기단은 한랭습윤, 양쯔강 기단은 온난건조, 북태평양 기단은 고온다습한 성질을 가지고 있어요. 적도 기단은 태풍을 뜻하니까 예외로 할게요.

한랭의 의미를 잘 모르는 친구들이 있던데, '춥다'는 뜻으로 생각하면 돼요. '한랭, 온난, 고온'은 기온을, '건조, 습윤, 다습'은 강수량을 나타내는 거지요. 각 기단의 성질을 무턱대고 암기하는 친구들이 있는데, 외우면 잊어버립니다. 조금만 생각하면 돼요.

우리나라는 북반구 중위도에 위치합니다. 인간이 거주하기에 적합한 따뜻한 온대 기후 지역이지요. 그렇다면 우리나라를 기준으로 기단들이 발생하는 지역을 살펴봅시다.

시베리아와 오호츠크해는 우리나라보다 북쪽, 양쯔강은 비슷하다고 볼게요. 북태평양은 남쪽이네요. 그렇다면 기온은 어떨까요? 당연히 우리보다 북쪽은 기온이 낮을 테고, 남쪽은 기온이 높을 거예요. 위도가 비슷하다면 기온도 비슷하겠지요. 이제 각 기단의 성질이 이해되나요?

그럼 강수량도 생각해 볼게요. 강수량은 더 간단해요. 바다와 육지 중 어느 곳의 습도가 더 높을까요? 당연히 바다겠지요. 바다는 물만 있잖아요. 그러니까 바다에서 만들어지는 오호츠크해 기단과 북태평양 기단은 습도가 높고, 육지에서 만들어지는 시베리아 기단과 양쯔강 기단은 건조합니다. '양쯔강이니 물이 많지 않나요?'라고 생각할 수 있지만, 육지가 강보다 훨씬 더 넓어서 건조하답니다. 이제 기단의 습도와 관련된 부분도 정리가 되네요.

왜 시베리아 기단이 한랭건조하고, 북태평양 기단이 고온다습한지 알아야 해요. 그래야 시간이 지나도 기단의 성질을 기억할 수 있어요.

그럼 기단이 우리나라에 영향을 미치는 계절을 생각해 볼게요. 우리나라의 여름과 겨울 날씨가 어떤가요? 이건 정말 쉬운 질문이라, 다들 대답할 수 있을 거예요.

여름은 뜨겁고 습도가 높아요. 그래서 조금만 움직여도 땀이 주룩주룩 흐르죠. 그에 비해 겨울은 어떤가요? 춥고 건조하지요. 우리가 여름

에는 로션을 바르지 않아도 겨울에는 바르고, 겨울철에 입술이 트는 이유가 바로 건조하기 때문이에요.

그렇다면 어떤 기단이 우리나라의 여름에 영향을 미치고, 겨울에 영향을 미치는지 추측할 수 있겠지요? 정답! 바로 그거예요. 이렇게 공부를 해야 제대로 기단을 알게 되는 거예요. 쌤이 일방적으로 알려 주고 암기시키는 것이 아니라, 우리 친구들이 알고 있는 사실을 바탕으로 지식을 쌓아 가는 것이지요.

우리나라의 여름철에 영향을 미치는 기단은 북태평양 기단, 겨울철에 영향을 미치는 기단은 시베리아 기단이에요. 하나 더 볼까요? 우리나라의 여름철 바람과 겨울철 바람을 볼게요. 지도에서 시베리아 기단의 위치와 북태평양 기단의 위치를 확인해 봐요. 그곳에서 바람이 불어오는 거예요. 시베리아 기단이 어디에 있지요? 북서쪽에 있네요. 그럼 북태평양 기단은 어디에 있나요? 남동쪽에 있군요. 그래서 우리나라의 겨울에는 북서계절풍이, 여름철에는 남동계절풍이 부는 것이랍니다. 계절풍이란 계절에 따라 방향이 바뀌는 바람을 뜻해요.

이렇게 우리나라의 바람까지 살펴봤네요. 이제 초등학교에서 배우는 우리나라의 기단을 모두 배웠어요.

나머지도 확인해 볼까요? 양쯔강 기단은 봄, 가을에 불어오는 온난건조한 바람이에요. 봄철에 중국에서 날아오는 불청객이 있지요? 바로 황사예요! 이 황사가 양쯔강 기단의 영향을 받아서 나타나는 거예요. 오호츠크해 기단은 늦봄에서 초여름에 불어오는데, 오호츠크해 기단과 북태평양 기단이 만나서 여름철 장마 전선을 형성해요. 둘 다 습도가 높은 기단이라 많은 비를 뿌리게 되는 거예요. 최근에는 지구 온난화로 인해서 우리나라의 장마가 사라지고 있다는데, 아직 초등학교에서는 장마를 공부하고 있기에 쌤이 언급했어요.

우리나라는 북반구 중위도에 위치하기 때문에 온대 기후에 속하고 시베리아 기단의 영향을 받는 겨울철에는 북서계절풍이, 북태평양 기단의 영향을 받는 여름철에는 남동계절풍이 분다는 사실을 살펴봤어요.

우리나라 기후의 특징

이제 마지막으로 교과서에 나오는 우리나라의 기온과 강수량의 특징

태백산맥이 북서계절풍을 막아 주는 모습

에 대해 몇 가지 살펴보도록 할게요.

먼저 기온입니다. 우리나라 기온의 특징으로 두 가지를 공부하는데 첫째는 '남쪽이 북쪽보다 기온이 높다', 둘째는 '같은 위도에 위치한 동해안이 서해안보다 겨울철 기온이 높다'라는 것입니다.

남쪽이 북쪽보다 기온이 높은 건 당연하겠지요? 위도가 기온에 영향을 준다고 했잖아요. 우리나라의 남쪽 지방이 북쪽 지방보다 저위도에 위치하니까 당연히 기온이 높은 거죠.

문제는 두 번째예요. 같은 위도에 위치한 동해안과 서해안의 겨울철 기온 차이입니다. 지금까지 우리가 공부한 지식으로는 당연히 기온이 비슷해야 할 텐데, 동해안이 훨씬 더 따뜻하거든요. 그 이유는 동해안의 깊은 수심과 난류, 태백산맥이 차가운 북서계절풍을 막아 주기 때문입니다. 바로 위의 문장은 서술형 문제 모범 답안이에요. 여러분이 우리나라의 기후를 공부할 때 반드시 출제되는 서술형 문제가 '겨울철에 동해안이 서해안보다 따뜻한 이유를 쓰시오'랍니다.

좀 더 자세히 알아볼까요? 동해안이 따뜻한 이유는 두 가지예요. 첫째는 동해안에 난류가 흐르기 때문입니다. '서해는요?'라고 질문하는 친구들이 있는데, 태평양의 난류가 남해를 지나 동해와 서해로 흐르게 돼요. 그런데 겨울철이 되면, 서해는 수심이 얕아서 따뜻한 해류가 와도 바닷물이 쉽게 식어요. 반면 동해는 수심이 깊잖아요. 그래서 따뜻한 성질을 유지할 수 있는 거예요. 우리가 얕은 접시와 병에 따뜻한 물을 담았을 때, 접시의 물이 먼저 차가워지는 것과 같다고 생각하면 돼요. 그래서 동해안은 깊은 수심과 난류의 영향으로 서해안보다 따뜻하답니다.

두 번째는 태백산맥이 차가운 북서계절풍을 차단해 주기 때문이에요. 지난 수업에서 태백산맥을 공부했어요. 산맥의 위치도 기억하고 있죠? 남북으로 길게 뻗은 우리나라의 등줄기 산맥입니다. 겨울철에 불어오는 북서계절풍이 이 산맥에 막히게 되는 거예요.

그래서 태백산맥의 뒷부분에 해당하는 동해안은 서해안보다 따뜻하답니다. 겨울에 찬바람이 심하게 불 때 엄마나 아빠가 여러분을 감싸 안으면 추위가 누그러지는 것과 같은 원리예요. 이해가 되지요? 이 두 가지 이유로 같은 위도에 위치한 동해안이 서해안보다 겨울철 기온이 높아요. 정말 중요하니까 꼭 기억해 두세요.

우리나라 강수량의 특징은 아주 간단해요. 계절별로 강수량의 차이가 매우 큰 편인데, 여름철에 강수량의 대부분이 집중된다는 것만 알아 두

터돋움집

우데기

면 돼요. 쌤이 깜박했는데, 우리가 알아야 할 강수량과 관련된 사람들의 생활 모습이 두 가지 있어요. 비가 많이 내리는 지역에서 침수 피해를 막기 위해 집터를 높이 올려서 지은 터돋움집과, 울릉도에서 겨울철의 눈을 대비해 만든 우데기입니다. 사진을 잘 살펴보면 도움이 될 거예요.

 지금까지 '환경'이라는 주제로 함께 이야기를 나눴네요. 초등학교 3학년부터 6학년까지 교과 과정에 나오는 환경과 관련된 내용들을 정리했는데 어렵지는 않았나요?
 다음 시간에는 경제 영역을 살펴볼게요!

우리나라 기온의 특징
1. 남쪽이 북쪽보다 기온이 높다.(위도의 차이)
2. 겨울철에 같은 위도에 위치한 동해안이 서해안보다 따뜻하다.
  (→태백산맥이 차가운 북서계절풍을 막아 주고 동해의 깊은 수심과 난류의 영향이 있기 때문)

김밥을 먹을까, 떡볶이를 먹을까?
생산과 소비

사고 팔고 고르고!

경제 활동과 선택의 문제

오늘부터는 환경을 넘어 경제를 공부해 볼게요. 경제 영역은 초등학교 교육 과정에서 두 번 정도 나옵니다. 3, 4학년에는 '경제 활동의 개념과 선택의 문제, 경제 문제의 해결 과정'을 공부하고, 5, 6학년 과정에는 '경제 체제의 변천 과정, 우리 경제의 특징 및 무역, 경제 발전에 따른 사회 문제'를 배우게 됩니다.

쌤과는 지금부터 4강에 걸쳐 경제에 대한 다양한 이야기를 나눠 볼 거예요.

쌤이 친구들에게 '경제에 대해 공부할 거예요'라고 말을 꺼내면, '아, 어려운 거 배우나 보네'라며 겁을 먹는 친구들도 있어요. 하지만 쌤이 생각했을 때는 솔직히, 경제가 환경보다 쉬운 것 같아요. 물론 이것도 억지로 외우려고 하면, 환경 영역이나 다름없이 어렵고 힘들겠지요. 외워야 할 것도 정말 많아지고요. 단순히 책을 읽는 것이 아니라 함께 생각해 보고 이해해 나간다면 훨씬 수월하게 공부할 수 있을 겁니다.

그럼 경제 활동의 개념과 기회비용부터 시작해 보도록 할게요.

차곡차곡 쌓는 사회 공부

초등학교 과정에서 공부하는 내용은 중학교에서 다시 배워요. 심화된 내용을 공부하는 거예요. 쌤이 이 책에서 다루는 주제들, 자연환경과 인문환경, 경제, 정치, 문화, 다양한 사회 현상 등이 모두 중학교 교과 과정에 포함되어 있답니다.

혹시 경제 활동의 개념을 설명할 수 있는 친구 있나요? 이건 대답하지 못해도 괜찮아요! 아직 쌤하고 공부하지 않은 부분이니까요. 하지만 6학년 1학기를 마친 친구들이라면 대답했으면 좋겠네요. 중학교 사회에서 경제는 상당히 중요하거든요.

여러분이 몇 년 후 중학교에서 사회를 공부할 때 선생님 질문에 척척 대답하는 친구를 보면서 '우아, 쟤는 이걸 어떻게 다 외워? 진짜 머리 좋다'라고 말할 수도 있어요. 그런데 중요한 건, 사회를 잘하는 친구는 중학교에 들어가서부터 공부한 게 아니라는 거예요. 기초가 튼튼하면 새롭게 나오는 부분만 익히면 충분해요. 초등학교 때 배운 내용은 알고 있으니까요. 초등학교 사회 수업을 게을리한 친구들만 모든 부분을 공부해야 하는 것이고, 짧은 시간에 그걸 전부 이해하는 건 불가능한 일이 되는 겁니다. 시험을 위해 단순히 암기하기에도 많은 분량이고요.

여러분이 중학교, 고등학교에서 우등생이 될 수 있는지는 이미 초등학교 때 어느 정도 결정된다고 보면 돼요. 물론 초등학교 때는 열심히 하지 않다가 중학교나 고등학교에서 갑자기 공부에 꽂혀서 성적이 쑥쑥 오르는 친구들도 있어요. 하지만 그건 정말 예외적인 경우예요. 우리는 보통 사람 아닌가요?

경제 활동이란

앞으로 우리는 '경제'라는 주제로 공부할 거예요. 그러려면 당연히 알아보아야 할 것이 있습니다.

맞아요, 경제 활동의 개념부터 살펴봐야겠지요? 경제 활동의 개념은 정말 중요합니다. 그러니까 꼭 소리 내어 읽어 보세요. 한 번은 부족해요. 크게 소리 내어 세 번은 읽어야 합니다. 정말 중요하거든요.

경제 활동은,
① 인간의 생활에 필요한
② 재화와 서비스를
③ 생산하거나 소비하거나 매매하는 것 혹은 이와 관련된 모든 활동을 말한다!

* 중학교 과정부터는 생산, 소비, 분배로 공부하지만 초등학교 과정에서는 분배의 개념을 생략하기 때문에 매매로 대신함.

다들 읽었나요? 이 문장 안에는 경제 활동의 기준이 담겨 있어요. 경제 활동과 경제 활동이 아닌 행위를 구분할 수 있는 근거이지요. 꼭 소리 내어 읽고 기회가 될 때마다 다시 읽어 봅시다.

경제 활동의 세 가지 기준

경제 활동의 기준에 대해 조금 더 알아볼게요.

첫째는 '인간의 생활에 필요해야 한다'고 했습니다. 인간의 생활에 필요 없는 것을 생산하고, 소비한다면 그것은 경제 활동이 아니에요. '인간의 생활에 필요 없는 것을 만든다고? 그런 게 어딨어?'라고 생각하는 친구들이 많을 텐데, 쌤이 예를 들어 볼게요. 혹시 조금 있다가 식사를 할 것 같은 친구들은, 밥을 먹고 책을 읽는 걸 추천합니다.

쌤은 말이죠, 장이 아주 민감해요. 그래서 하루에 몇 번씩 화장실에 갑니다. 매운 음식이나 신선하지 않은 음식을 먹으면 더 자주 가야 하고요. 이런, 상상해 버린 친구들도 있군요. 어쨌든 쌤은 하루에 몇 번씩 화장실에 가서 무엇을 생산합니다. 이런 걸 경제 활동이라고 볼 수 있을까요? 지금 책을 읽고 있는 친구들 중에서 쌤이 화장실에서 만든 게 필요한 친구 있나요? 당연히 없을 거예요! 이처럼 인간의 생활에 필요 없는 것을 만든다면, 이것은 경제 활동이 될 수 없답니다. 여러분이 축구 경기할 때 나오는 땀, 잘 때 꾸는 꿈… 이런 것들을 만든다고 경제 활동이 되는 건 아니랍니다.

이런 이야기를 수업에서 하면, 가끔 쌤에게 '거름으로 만들면 살 수 있지 않나요?', '꿈은 사고팔 수 있어요! 예전에 김유신 장군의 여동생도 꿈을 샀잖아요' 하고 말하는 친구들이 있더라고요. 우선 그 상상력과 탐구 정신을 칭찬하고 싶어요. 그런데 그건 정말 특별한 경우예요. 일반적으로 똥과 꿈을 사고팔지는 않잖아요.

둘째 기준은 '경제 활동의 대상은 재화와 서비스'라는 겁니다. 재화는 초등학교에서 '물건'으로 배우기도 하는데, 경제학에서는 재화라고 표

> **재화**
> 인간의 생활에 필요한 것, 눈에 보이는 물건
>
> **서비스**
> 인간의 생활에 필요한 것 가운데 눈에 보이지 않는 것으로, 사람들에게 즐거움과 만족감, 편리함을 주는 행위

현하니까 앞으로는 재화로 기억하면 좋겠네요.

경제 활동의 대상인 **재화**와 **서비스**를 구분하는 기준은 형태의 유무예요. 형태가 있으면 재화이고, 형태가 없으면 서비스입니다.

'눈으로 볼 수 있고, 손으로 만질 수 있다면 형태가 있다 → 재화'가 되는 것이고, '눈으로 볼 수 없고, 손으로 만질 수 없다면 형태가 없다 → 서비스'가 되는 것이지요.

주변을 한번 살펴봅시다. 여러분 주변에 있는 것들, 눈에 보이는 모든 사물이 재화라고 생각하면 됩니다. 지금 여러분 앞에 놓여 있는 책, 여러분이 입고 있는 옷, 쓰고 있는 안경, 책상, 컴퓨터, 스마트폰 등 우리가 눈으로 볼 수 있고, 손으로 만질 수 있는 모든 것이 재화랍니다.

그럼 서비스는 무엇일까요? 서비스는 인간의 생활에 필요한 것이면서도 눈에 보이지 않고, 손으로 만질 수 없는 것을 뜻해요. 다른 식으로 표현하면 '사람들에게 즐거움과 만족감, 편리함을 주는 행위'예요.

교과서에서 언급되는 서비스는 세 가지가 있어요. 하나는 선생님의 수업, 다른 하나는 의사의 진료, 마지막으로 연예인의 공연이에요. 수업, 진료, 공연은 모두 다 눈으로 볼 수 없고, 손으로 만질 수 없다는 공통점이 있죠?

지금 고개를 갸우뚱하는 친구들이 있군요. '선생님의 수업, 의사의 진료, 연예인의 공연은 전부 볼 수 있는데요?'라고 묻는 눈이네요. 하지만 수업, 진료, 공연은 안경이나 책상처럼 볼 수 있는 물건이 아니고 손으

로 집어서 '이거예요!'라고 말할 수도 없잖아요.

쌤이 친구들에게 사회 수업을 한다고 가정해 볼게요. 쌤의 두뇌에 저장된 지식이 말과 행동으로 나와서 우리 친구들의 눈과 귀로 들어가 두뇌에 저장되는 것이 수업이에요. 그 과정이 보이나요? 손으로 잡을 수 있을까요? 볼 수 있는 건, 수업 그 자체가 아니라 쌤이 수업하고 있는 모습이지요.

아파서 병원에 가면 의사 선생님이 진료해 주시지요. 진료를 볼 수 있나요? 의사 선생님의 손에서 나온 치유의 에너지가 우리 친구들 몸에 들어가고, 그 덕분에 나은 건가요? 그 에너지를 눈으로 봤고 손으로 잡았다고 말할 수 있나요? 아닐 거예요. 진료하시는 의사 선생님의 모습은 볼 수 있지만요. 연예인의 공연도 마찬가지고요.

이처럼 형태는 존재하지 않지만, 인간의 삶에 필요하고, 사람들에게 만족감과 즐거움, 편리함을 주는 것을 우리는 서비스라고 부른답니다.

경제 활동의 세 번째 기준을 알아볼까요? '생산하거나 소비하거나 매매하는 활동, 혹은 이와 관련된 모든 활동'이어야 해요. 매매 활동은 재화나 서비스를 사고파는 것을 뜻해요. 여러분 중에서 매매 활동을 안 해 본 친구는 없을 거예요. 재화나 서비스를 팔아 본 친구들은 많지 않겠지만 산 경험은 누구나 가지고 있을 겁니다. 매매는 일상생활에서 충분히 경험할 수 있고, 어렵지 않기 때문에 여기에서는 생략하도록 할게요.

생산 활동과 소비 활동에 대해 공부해 봅시다. '생산'이 무슨 뜻일까요? 다들 대답했나요? 맞아요, 만들어 내는 것을 생산이라고 부릅니다. 하지만 경제학에서 사용하는 '생산'이라는 용어와는 차이가 있습니다. 사회는 정치학, 경제학, 지리학, 법학, 역사학 등 다양한 영역으로 구분되는데, 각 영역에서 사용하는 용어의 의미가 조금씩 달라요.

우리는 지금 경제학을 공부하고 있습니다. 경제학에서 사용하는 '생산'이라는 용어는 단순히 '만드는 것'을 뜻하는 게 아니라 '인간의 생활에 필요한 재화나 서비스를 만드는 것'이라는 뜻입니다. 그렇다면 '생산 활동'은 '인간의 생활에 필요한 재화나 서비스를 만들어 내는 활동'이라고 정리할 수 있지요.

쌤이 친구들에게 사회 수업을 하는 행위는 어떨까요? 생산 활동일까요? 물론 쌤은 여러분이 사회 공부의 진정한 의미를 깨닫고 더불어 성적도 오르기를 바란답니다. 그래도 경제학자의 관점에서는 경제 활동을 하고 있는 것이지요. 그중에서도 생산 활동을 하고 있는 것이랍니다. 의사 선생님은 아픈 환자들을 낫게 하려는 마음으로 진료를 하시겠지만, 마찬가지로 경제학의 관점에서는 생산 활동에 해당하지요. 이제 생산 활동이 무엇인지 이해가 되나요?

생산 활동의 종류(산업의 종류)

우리가 알아야 할 중요한 내용이 하나 더 있네요. 생산 활동의 종류를 구분하는 거예요. 5학년부터는 '생산 활동의 종류'라는 표현보다는 '산업의 종류'로 공부하게 될 거예요.

생산 활동의 종류(산업의 종류)를 구분하는 기준은 ① '무엇을 생산하는가', ② '어떤 방식으로 생산하는가' 두 가지가 있어요. 먼저 재화를 생산하는지, 서비스를 생산하는지 구분해요. 그리고 재화는 자연에서 직접 얻는지, 아니면 인간이 자연에서 얻은 재료를 바탕으로 새롭게 만드는지 구분합니다. 정리하면 아래와 같이 생산 활동을 구분할 수 있어요. 산업도 같은 기준으로 구분한다고 보면 돼요(1과 2는 재화를 생산하는 활동, 3은 서비스를 생산하는 활동).

재화 1. 자연에서 직접 얻는 생산 활동
　　　　농업, 어업, 임업 등 (1차 산업)

　　　2. 인간 생활에 필요한 것을 만드는 생산 활동
　　　　제조업, 건설업 (2차 산업)

서비스 3. 사람들에게 즐거움, 만족감, 편리함을 주는 생산 활동
　　　　금융업, 서비스업 (3차 산업)

그럼, 쌤이 문제 하나 낼게요.

문제 1 택배 아저씨가 물건을 배달해 주시는 건 경제 활동에 해당할까요?

정답은 '예'입니다. 생산 활동에 해당해요.

문제 2 택배 아저씨의 생산 활동은 1~3번 중 어디에 해당할까요?

정답은 3번이지요. 택배 아저씨가 새롭게 재화를 만들어 내는 건 아니지만, 우리들에게 편리함을 제공해 주시니까 3차 산업인 서비스업이랍니다.

이 문제를 풀었다면 생산 활동의 종류까지 완벽하게 이해했다고 볼 수 있네요.

소비 활동

소비 활동을 알아보도록 해요. '소비'란 무엇을 말할까요? '물건을 사서 쓰는 것?' 이런 대답을 했다면 50점 줄게요. 우리가 경제를 공부하고 있으니, 조금 더 경제 용어로 표현해 보면 어떨까요?

'재화와 서비스를 구입하여 사용하는 것?' 이렇게 대답한 친구도 있나요? 90점 줄 수 있을 것 같아요. 상당히 정답에 근접했네요. 이 정도만 대답해도 쌤은 감동입니다. 그럼 100점짜리 정답을 찾아볼까요?

쌤이 경제학에서 사용하는 용어와 일상생활에서 사용하는 용어는 의미의 차이가 있다고 말했죠? 소비도 마찬가지예요. 일반적으로 '재화나 서비스를 구입하여 사용하는 것'을 소비라고 해요. '요즘 소비가 늘었어' 하는 식으로요. 하지만 소비의 정확한 의미는 구입하여 사용하는 게 아니라 '가치를 사용하는 것'입니다.

쌤에게 이런 질문을 하는 친구가 있어요. 연필을 샀는데, 한 번도 사용하지 않고 가지고 있다면 소비라고 볼 수 있느냐는 거예요. 하지만 연필을 구입하는 순간 이미 소비가 시작되었다고 보면 돼요. 왜냐하면 연필을 사는 순간 연필의 가치가 하락하니까요.

만약 여러분이 5만 원짜리 옷을 사서 한 번도 입지 않았다고 해 봐요. 시간이 지난 후에 이 옷을 누군가에게 팔려고 한다면, 5만 원에 팔 수 있을까요? 한 번도 사용하지 않았지만, 이미 중고품이 되어 있겠죠. 그렇다면 가격은 하락하게 될 것이고요. 가격의 하락이 가치의 하락을 반영한다고 생각하면 쉽게 이해할 수 있을 거예요. 경제학에서 언급하는 소비 활동은 '재화나 서비스의 가치를 사용하는 것'이에요. 이것만 기억하면 소비 활동도 어려움 없이 공부할 수 있을 거예요.

지금까지 경제 활동의 개념에 대해 살펴봤는데요, 이제 오늘의 마지막 주제인 경제 문제를 살펴봅시다. 경제 활동을 하면서 발생하는 문제를 무엇이라 부를까요? 아직 공부하지 않았지만, 다들 정답을 이야기하는군요. 맞아요, 바로 경제 문제랍니다.

인간의 생활에 필요한 재화와 서비스를 생산하고 소비하고 매매하는 과정에서 예상할 수 없을 정도로 수많은 문제들이 발생하는데, 그 문제들을 통틀어 경제 문제라고 불러요.

걱정스러운 표정을 짓는 친구들이 보이네요. 걱정하지 마세요. 그 많은 문제들을 모두 공부한다는 건 불가능해요. 이해하기에 너무 어려운 내용들이 많고요. 다행히도 초등학교에서는 딱 한 가지만 배운답니다.

쌤하고 친구들이 공부하는 경제 문제는 바로 '선택의 문제'예요. 경제 활동을 하는 사람들이 경험하는 가장 근본적인 경제 문제랍니다.

선택이란

선택은 무엇일까요? 선택은 우리가 평소에도 자주 사용하는 단어예요. 친구들과 뭘 사러 갔을 때 제가 한참을 망설이고 서 있으면 친구들은 이렇게 말하지요. '경섭아, 빨리 선택해!' 그리고 텔레비전 프로그램에서 MC는 시청자들을 향해 말해요. '당신의 선택은?' 이제 선택이 무엇인지 설명해 볼까요? 대답했나요? 대답하지 못했더라도, 머릿속에 떠올려 보세요. 처음부터 되는 게 아니라, 익숙해지는 거예요.

==선택은 여러 가지 경우의 수 중에서 한 가지를 고르는 것==입니다. 좀 더 쉽게 표현하면, 여러 가지 방법 중에서 한 가지를 고르는 거예요. 선택의 문제가 가장 근본적인 경제 문제라고 했지요? 그건 경제 활동을 하는 모든 사람들이 겪는 문제이기 때문입니다. 생산자와 소비자를 떠올려 볼까요? 소비자들은 재화나 서비스를 구입할 때 '무엇을 살까?', '얼마만큼 살까?', '어디서 살까?' 등 수많은 선택의 문제를 겪게 됩니다. 여러분이 분식집에서 김밥을 먹을지 떡볶이를 먹을지 고민하는 것과 같은 일이지요.

생산자는 어떨까요? 농부는 어떨까요? 농부 아저씨들은 농사를 지을 때 '어떤 작물을 심을까?', '얼마만큼 심어야 할까?', '어떤 방법으로 농사를 지어야 할까?' 등의 선택의 문제를 겪어요. 결국 선택의 문제는 경제 활동을 하는 모든 사람들이 겪는 문제랍니다.

희소성

그렇다면 선택의 문제는 왜 나타나는 걸까요? 그건 돈과 자원의 희소성 때문입니다. '희소성'이란 단어가 어렵게 느껴지나요? ==희소성은 인간의 욕망은 무한한데, 상대적으로 자원의 양이 한정되어 있는 것을 뜻하는 말==이에요. 이 말도 어렵다고요? 더 간단하게 정리해 보면, 사람들이 가지고 싶어 하는 양에 비해 그 수가 적은 상태를 '희소하다'라고 표현합니다.

희소성에서 중요한 것은 절대적인 수의 개념이 아니라, 인간의 욕망을 고려한 상대적인 개념이라는 거예요. 수가 적다고 무조건 희소한 것은 아니라는 뜻입니다. 예를 들어 볼게요. 쌤에게는 레이스 달린 치마가 없어요. 그렇다고 쌤한테 치마가 희소한 것은 아니에요. 쌤은 치마가 필요하지 않으니까요. (쌤이 남자인 건 알고 있지요?)

좀 더 예를 들어 볼게요. 쌤의 어머니는 생선구이를 무척 좋아하세요. 아버지는 달달한 초콜릿을 좋아하시고요. 그래서 부모님 댁에는 항상 냉장고에는 생선이, 찬장에는 초콜릿이 있답니다. 그래도 시장에 가면 어머니는 싱싱한 생선을 더 사곤 하세요. 아버지도 새로운 종류의 초콜릿만 보시면 꼭 한두 개 정도는 장바구니에 담으시더라고요. 생선과 초콜릿의 수가 중요한 게 아니라, 두 분이 느끼는 필요성이 중요한 거예요. 쌤의 어머니에게는 생선의 희소성이 크고, 아버지에게는 초콜릿의 희소성이 큰 거예요.

그러면 선택의 문제와 희소성에 대해 생각해 볼까요?

경제 활동을 하는 과정에서 선택의 문제가 발생하는 가장 근본적인 이유는 바로 돈과 자원의 희소성 때문이에요. 돈과 자원이 사람들의 욕망을 충족시켜 줄 수 있을 만큼 무한대로 존재한다면 선택의 문제는 발생하지 않을 거예요.

우리는 분식집에 갈 때마다 선택의 문제를 직접 몸으로 경험하고 있어요. '김밥을 먹을까?', '떡볶이를 먹을까?', '쫄면을 먹을까?' 하고 고민

하지요. 김밥을 먹으려면 떡볶이가 아쉽고, 떡볶이를 먹으려고 하면 쫄면이 아쉽잖아요. 이런 고민을 하는 가장 근본적인 이유는 돈이 부족하기 때문이에요. 지갑을 열 때마다 5만 원짜리가 가득한 마법의 지갑이 있다면, 우리는 고민하지 않을 거예요. 그냥 다 먹으면 되니까요.

농부 아저씨가 '무엇을 심을까?', '얼마만큼 심을까?' 하고 고민하는 이유도 땅이 한정되어 있기 때문이지요. 땅이 무한하다면, 고민할 필요가 없잖아요. 그냥 다 심으면 되니까요. 즉, 선택의 문제는 돈과 자원의 희소성에서 발생하는 것이랍니다. 현실에서는 돈과 자원이 무한일 수는 없는 것이니까, 당연히 누구나 선택의 문제를 겪게 되는 것이고요.

선택의 문제 해결법

선택의 문제는 어떻게 해결해야 할까요? 문제를 공부했으면 해결 방법에 대해서도 살펴봐야지요.

가장 좋은 해결 방법은 현명한 선택을 하는 거랍니다. 현명한 선택은 후회 없는 선택을 뜻해요. 어떤 선택을 했을 때 그 선택을 후회하지 않는다면, 그게 바로 현명한 선택입니다. 현명한 선택을 위한 구체적인 방법은 초중등 과정에서는 배우지 않아요. 너무 어렵거든요. 그러니 '선택의 문제가 발생하면 현명한 선택을 해야 한다'라는 기본적인 개념만 기억해 두자고요. (교과서에는 '현명한 소비를 위해, 나에게 필요한 것인지 확인하고, 선택 기준표를 작성하여 판단한다'라고 나와 있습니다.)

기회비용이란

선택의 문제와 관련해서 한 가지만 더 언급할게요. 바로 '기회비용'인데, 기회비용은 중등 과정에서 나오는 개념이지만 간단하게 살펴봅시다. ==기회비용은 선택함으로써 포기하는 가치==입니다. 여러 가지 경우의 수 중에서 한 가지를 선택한다면, 포기해야 하는 것이 있겠지요? 그 포기하는 것을 기회비용이라고 부른답니다.

예를 들어 1만 원이 있는데, 그 돈으로 '책을 살까?', '장난감을 살까?'라는 선택의 문제를 겪고 있다고 해 봅시다. 여러분이라면 당연히 책을 사겠지요? 아니라고요? 어쨌든 책을 골랐다고 하면 그것이 선택이고, 포기한 장난감이 기회비용이 된답니다.

지금까지 경제 활동의 개념과 선택의 문제라는 주제로 함께 공부했습니다. 다음 시간에는 경제 체제의 변천 과정을 살펴볼게요. 경제 체제는 중등 과정에서 등장하는 개념이지만, 쌤과 함께 이야기 나누면 충분히 이해할 수 있을 거예요.

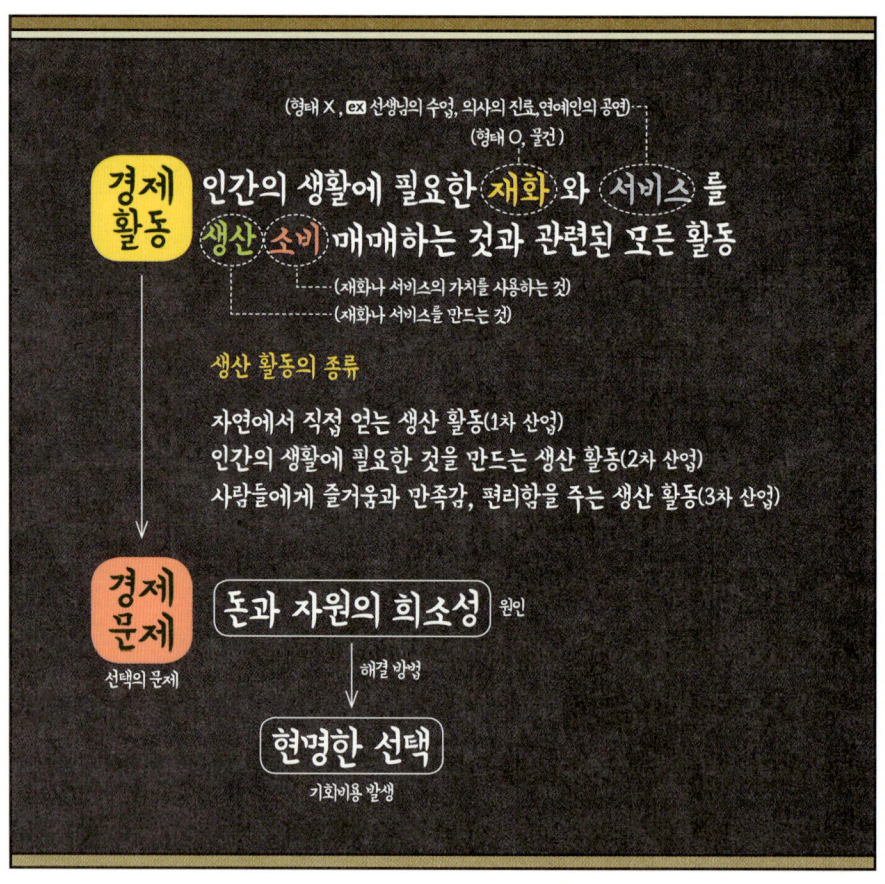

행복해지기 위해 사람들은 어떻게 노력했을까?

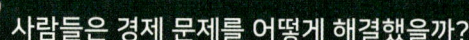
사람들은 경제 문제를 어떻게 해결했을까?

경제 체제의 변천 과정과 우리 경제의 특징

사회는 사람들이 살아가는 다양한 세상의 모습을 살펴보고 이해하는 학문이라고 말했어요. 경제 체제가 만들어지고 변화하는 과정을 공부할 때도 단순히 그것이 무엇인지를 암기하는 것이 아니라, 그러한 체제가 만들어진 시대적 배경을 함께 살펴봐야 합니다. 그 시대를 살았던 사람들이 어떤 가치관을 가지고, 왜 경제 체제를 만들었는지 이해할 수 있어야 해요.

이건 특히 역사 공부를 하는 데 필요한 자세랍니다. 과거에 일어난 일에 대해서는 오늘날의 관점은 물론이고 당시 사람들의 입장이나 사회 상황 안에서 살펴볼 수 있어야 해요. 우리가 역사를 공부하면서 접하게 되는 수많은 사건들은, 모두 그 시대를 살던 사람들의 선택의 결과라는 것을 기억하자고요. 지금 우리 관점으로 살펴보면 이해하기 힘든 역사적 사건이 있더라도 차분히 시대 상황을 살피다 보면 그 일이 발생한 배경과 이유를 충분히 이해할 수 있을 거예요. 더 넓은 시야를 가지고 역사를 바라볼 수 있었으면 좋겠네요.

역사를 이해하는 올바른 비결

역사를 공부하는 과정에서 쌤이 시대적 배경의 중요성을 이야기했어요. 그래서 잠깐 조선 역사를 예로 들어 보려고 해요.

임진왜란이 끝난 후 광해군이 왕이 되면서 조선은 명과 후금 사이에서 중립 외교 정책을 펼쳤어요. 명은 이미 힘을 잃고 간신히 명맥만 유지하는 상황이었지요. 그에 비해, 후금은 강성하여, 명과의 전쟁에서 유리한 입장이었습니다. 임진왜란을 겪은 조선은 매우 불안정한 현실에 놓여 있었고, 이런 시기에 왕이 된 광해군은 조선의 안정을 위해서 현실적인 중립 외교 정책을 펼치게 됩니다.

그런데 조선에는 광해군과 생각이 다른 지배계급이 더 많았어요. 광해군의 외교 정책이 성리학을 강조하고 명과의 관계를 중요하게 생각해 온 조선의 국가 이념에 맞지 않다는 것이죠. 이런 생각을 가진 양반들과 왕족이 힘을 합쳐 광해군을 몰아내자 인조가 새롭게 왕이 됩니다. 이 사건을 인조반정이라고 불러요. 이후 조선은 명과 친하게 지내고 후금을 배척(친명배금)했어요. 그 결과 청(후금이 나라 이름을 청으로 바꿈)의 공격을 받아 조선은 또다시 '병자호란'이라는 전쟁에 휘말리게 됩니다. 전쟁에서 패배한 조선은 이후 청과 사대 관계를 맺습니다. 광해군과 비교할 때, '인조는 한심하다'라는 생각이 드나요?

만약에 여러분이 하굣길에 싸움을 거는 무서운 선배를 만났다고 칩시다. 그때 여러분의 친구가 그걸 보고 달려와서 함께 싸웠어요. 그 선배가 간신히 도망가기는 했지만, 여러분과 친구도 여기저기에 멍이 들었어요. 며칠이 지났어요. 학교 수업이 끝나고 집에 가는데 이번에는 그 친구가 정말 무섭고 위험한 선배들에게 둘러싸여 있어요. 여러분이 선택할 수 있는 방법이 못 본 척 지나가는 것과, 지겠지만 함께 싸우는 것 딱 두 가지라면 여러분은 어떻게 할 건가요? 어떤 선택을 하더라도 쌤은 '잘했다'라고 대답할 것 같아요.

광해군의 중립 외교 정책과 인조의 친명배금 정책은 이런 선택과 비슷해요. 현실을 강조한다면 못 본 척해야 하고, 명예를 강조한다면 지겠지만 함께 싸워야 하겠지요. 조선은 대의명분을 강조하는 성리학을 국가 이념으로 삼은 나라였어요. 오늘날에는 당연해 보이는 광해군의 중립 외교 정책이 왜 당시 지배계급의 반발을 샀는지 납득할 수 있을 거예요. 역사는 그 시대 사람들의 가치관을 알아야 이해할 수 있는 부분이 많답니다.

경제 체제의 변천

그럼 오늘 수업으로 돌아와서 경제 체제의 개념부터 확인해 볼까요? ==경제 체제는 경제 문제를 해결하는 사회적인 틀==을 이야기합니다. 우리 친구들에게는 틀보다는 시스템이라는 표현이 더 익숙할지도 모르겠네요. 즉, 경제 체제는 경제 문제를 해결하는 사회적인 시스템을 말해요.

지난 수업에서 경제 문제는 경제 활동을 하는 과정에서 발생하는 모든 문제라고 했지요. 이 세상에는 우리가 상상하는 것보다 훨씬 더 많고 다양한 경제 문제가 발생하고 있습니다. 그중 가장 대표적인 문제가 선택의 문제이고요. '인간의 욕망은 무한한 데 비하여 돈과 자원은 한정되어 있기 때문에, 결국 인간은 선택을 해야 한다'라고 했습니다. 그리고 선택의 문제를 해결하는 방법은 현명한 선택, 후회 없는 선택이라고 했고요.

이번 수업에서 쌤과 이야기 나눌 부분은 경제 체제예요. 선택의 문제를 포함해서 경제 전반에서 발생하는 다양한 문제들이 사회적으로 어떻게 해결되는지 그 시스템을 살펴보도록 할게요.

우선 경제 체제는 서양에서 정립된 개념이에요. 과거 서양의 수많은 경제학자들이, 그들이 살았던 시대에 발생한 다양한 경제 문제의 해결책을 찾는 과정에서 경제 체제가 만들어지고 발전한 거죠. 경제 체제가 확립되기 전 경제 이론이 먼저 등장하는데, 그 시기는 유럽의 역사에서 절대 왕정에 해당합니다. 경제 이론이 완성되면서 점차 경제 체제로 발전했다고 생각하면 이해가 쉬울 거예요.

절대 왕정 시기

초등학교 과정에는 세계사가 생략되어 있기 때문에 쌤이 수업을 하려니 조심스럽네요. 절대 왕정 시기는 우리가 흔히 알고 있는 옛날의 모습, 왕이 절대적인 권력을 가졌던 시대를 말해요.

영국의 엘리자베스 여왕, 프랑스의 루이 14세가 절대 왕정 시기의 대표적인 군주랍니다.

'그럼 왕이 권력이 없던 시기도 있나요?'라고 질문하는 친구들에게는 '네, 왕의 권력이 약했던 봉건 시대도 있답니다'라고 대답해 줄게요. 다만 이 시간에는 세계사가 수업의 주제는 아니니까, 이 정도만 이야기하고 넘어갈게요.

절대 왕정 시기는 '왕이 절대적인 권력을 가지고 있는 시기'라고 했어요. 절대적인 권력이라니, 굉장하지요? 어떻게 왕이 그렇게까지 강한 권력을 갖게 되었을까요? 이 부분을 고민해 본 적이 있나요? 왕이 절대 권력을 가질 수 있던 배경에는 몇 가지가 있어요. 군사적으로는 '상비군', 정치적으로는 '왕권신수설', 경제적으로는 '중상주의'랍니다.

상비군

상비군의 어원적 의미는 항상 준비된 군대를 뜻해요. 원래 과거에는 평소에 생업에 종사하는 사람들을 모아서 전쟁 때만 군대를 만들었는데, 그와 달리 상비군은 일종의 직업 군인이랍니다. 상비군이 왕의 군대가 되면서 왕의 권력이 강화되었지요.

왕권신수설

사람들은 '강력한 왕권'이라고 말하면 흔히들 군대를 먼저 떠올리는데, 왕권을 강화시켜 준 것은 상비군보다는 왕권신수설이에요.

왕권신수설은 왕의 권력은 신으로부터 부여받았다는 정치사상입니다. 서양 사람들은 예전부터 크리스트교(하나님을 섬기는 종교)를 믿었는데, 왕권신수설은 하나님이 왕에게 능력과 권력을 부여했다는 이론이지요. 논리는 아주 간단해요. '왜 나는 왕의 아들로 태어났을까?'라는 겁니다. '농부의 자식으로 태어나는 사람도 있고, 어부의 자식으로 태어나는 사람도 있고 또 귀족의 자식으로 태어나는 사람도 있는데, 어떻게 나는 왕의 아들로 태어났는가'라는 거예요. '하나님은 전지전능한 존재이기 때문에, 나는 운이 좋아 우연히 왕의 아들로 태어난 것이 아니라, 하나님의 계획에 의해서 태어났다.' 즉, 왕은 하나님의 선택을 받은 존재인 거죠. 이 논리에 의해 당시의 사람들은, 왕이 신의 선택을 받은 특별한 존재라고 생각하며 믿고 따르게 된 거랍니다.

중상주의

마지막으로 중상주의에 대해 살펴볼게요. 중상주의는 상당히 다양한 의미로 사용되고 있어요. 나중에 여러분이 중학교와 고등학교 혹은 대학교에서 '중상주의'라는 용어를 공부할 때는 어떤 관점에서 이야기하는

지 구분할 수 있어야 합니다. 알겠지요?

이 책에서 말하는 ==중상주의는 상공업을 중요하게 생각하면서 국가의 역할을 강화해야 한다는 경제 이론==입니다. 과거에는 농업이 가장 중요한 국가의 경제 수단이었다면, 이제는 농업이 아니라 상공업을 통해서 경제 성장을 이룩해야 한다는 이론이에요. 그런데 상공업을 발달시키려면 해외 식민지를 갖는 것이 중요했습니다. 나라의 모든 권력을 왕에게 집중해 왕권이 강화되면, 왕은 그 힘으로 해외 식민지를 개척하여 상공업을 발전시키고, 나라의 경제가 발전하면 국민이 모두 잘살게 된다는 거지요. 그 과정에서 발생하는 다양한 경제 문제는 왕의 능력으로 해결할 수 있다고 보았습니다.

경제 체제가 경제 문제를 해결하는 시스템이라고 이야기했지요? 중상주의에서는 어떻게 경제 문제가 해결되나요? 바로 왕이 해결해 주는 거랍니다. 쌤이 이렇게 수업을 하면, 많은 친구들이 질문을 해요. '경제 문제가 말할 수 없을 정도로 다양하다고 했는데, 왕이 정말 다 해결해 줄 수 있었나요?' 이렇게 말이지요. 쌤의 대답은 '네'예요. 왕이 정말 뛰어나야겠지요? 엄청난 능력자여야 할 것 같아요.

그런데 자세히 살펴보면 이유를 알 수 있어요. 그건 왕이 지식을 독점하고 있었기 때문이랍니다. 그 시대의 일반 사람들은 지식을 갖지 못했어요. 머리가 나쁘다는 뜻이 아니라, 책을 볼 수가 없었거든요. 절대 왕정 시대는 지금부터 약 400~500년 전이에요. 이 시기에는 생산량이 충분하지 못했기 때문에 대부분의 사람들은 먹고사는 문제를 해결하는 데 급급했답니다. 굶주림의 고통을 면하기 위해 이른 아침부터 늦은 밤까지 일하는 사람들이, 지식을 얻으려고 책을 찾는 일은 없었어요. 거의 불가능했지요. 공부라는 건 삶의 여유가 있을 때 가능한 것이랍니다. 여러분이 편하게 공부할 수 있는 것도 든든한 부모님이 계시기 때문이란 걸 잊지 말았으면 좋겠네요.

경제적 여유를 가진 왕이 지식을 독점하면서, 경제 활동에서 발생하는 다양한 경제 문제를 해결해 주었고, 그 결과 일반 국민들은 '왕이 신에게 선택받은 존재가 확실하다'라는 믿음을 갖게 되었지요. 이러한 믿음이 다시 왕에게 절대적인 권력을 부여했답니다. 한 가지 덧붙이자면, 이 시대에 가장 중요한 경제 문제는 생존의 문제였어요. 굶주림을 면하는 일이 가장 커다란 골칫거리였는데, 중상주의 이론에 의하면 왕이 이 문제를 해결해 줄 수 있는 열쇠였답니다.

왕권신수설의 붕괴

이러한 절대 왕정은 결국 무너지고 말았습니다. 크게 두 가지 측면에서 그 이유를 찾을 수 있어요.

첫째는 왕권신수설의 붕괴입니다. 시간이 지나면서 왕을 예전처럼 신과 같이 완벽한 존재로 생각하지 않게 되었어요. 쌤이 한국사를 수업할 때도 가끔 언급하는 내용인데, 왕은 특별한 사람이 아니에요. 우리와 똑같은 보통 사람입니다. 그렇기 때문에 '부자 상속제'(아버지가 죽으면 아들에게 왕위를 물려주는 제도)를 가진 군주제 국가는 대부분 사라지고 말았지요.

뜬금없는 질문을 하나 할게요. 여러분은 왜 공부하나요? 여러분이 이

여러분은 왜 공부하나요?

책을 읽는 이유는 무엇인가요? '깨달음의 즐거움을 얻기 위해서', '진리를 탐구하기 위해서', '공부하는 게 제일 좋아요'라고 대답하는 친구가 있나요?

좋은 대답이지만 그렇게 대답하는 친구는 거의 없을 것 같아요. 혹시 있다면 아주 특별한 친구일 거예요. 그렇다면 다른 대부분의 친구들이 공부하는 이유는 무엇인가요? 성적을 위해서? 좋은 대학에 진학하기 위해서? 어쩌면 '돈을 많이 버는 직업을 얻으려고요'라고 말하는 친구도 있을 거예요.

그렇다면 어느 정도로 벌면 많이 버는 걸까요? 일 년에 10억? 한 달에 9,000만 원 정도의 돈이 생기겠네요. 많은 돈이지요? 이 정도면 성공한 미래라고 볼 수 있나요?

부모님이 여러분에게 100억을 준다면요? 아무것도 안 해도 먹고살 수 있는 재산이 생긴 거예요. 그렇다면 여러분은 공부할 건가요? 쌤은 공부 안 할 거 같아요. 그냥 놀래요. 그래서 부모님께 감사드려요. 큰돈을 물려주지 않으셔서 선생님이 될 수 있었으니까요.

여러분이 나라를 물려받은 왕이라면 어떨까요? 쌤은 많은 돈만 생겨도 공부 안 하고 놀고 싶다고 했잖아요. 왕자의 신분일 때 나라를 물려받게 될 걸 알고 있어요. 미래를 위해서 열심히 노력할 수 있을까요? 노력하지 않아도 이미 많은 사람들이 나를 떠받들고 있다면 말이에요. 무척 힘든 일일 거예요. 그래서 왕이 된 많은 사람들이 사치와 향락에 빠졌어요. 우리가 알고 있는 위대한 왕들은 이러한 환경조차 극복한 사람들이에요. 높은 지위와 권력을 지니고 있었음에도 더 나은 가치를 찾으려고 노력한 사람들이랍니다.

여러분이 알고 있는 위대한 왕을 손꼽아 보세요. 아마 열 명이 안 될 거예요. 물론 역사를 좋아하는 친구라면 더 많이 알 수도 있겠지요. 인류 역사에 수많이 왕들이 등장했지만 우리가 전부 기억하지는 못해요. 결국 그들도 우리처럼 보통 사람이기 때문이지요. 그래서 군주제 국가가 유지되기 힘든 것이랍니다.

왕권신수설이 무너진 것도 같은 이유예요. 영국의 엘리자베스 여왕이나 프랑스의 루이 14세는 지식을 쌓는 노력을 게을리하지 않았어요. 특별한 사람들이었지요. 그렇기 때문에 좋은 환경에서 다양한 지식을 쌓고 국민들에게 신의 선택을 받은 사람이라는 확신을 심어 줄 수 있었어요. 하지만 이후의 왕들은 보통 사람이었기에 공부보다는 사치와 향락에 빠졌고, 그 결과 국가에서 발생하는 다양한 경제 문제를 해결하지 못했어요. 오히려 상공업의 발달로 부를 축척한 상인들 중에서 경제 문제를 스스로 해결하는 사람들이 등장하게 되었지요. 왕이 문제를 해결하지 못했다는 건, 국민들에게 '왕은 신의 선택을 받은 사람이 아니라, 운이 좋아 왕의 아들로 태어난 사람이다'는 생각을 갖게 했고, 그 결과 절대 왕정이 무너졌습니다.

중상주의의 실패

절대 왕정이 무너진 두 번째 이유는 중상주의의 실패예요. 국가의 경제 성장이 국민들의 삶에 행복을 주지 못했던 겁니다.

절대 왕정 시기에 나라는 발전했어요. 해외 식민지도 활발하게 개척하고 상공업도 이전과는 비교할 수 없을 정도로 성장했지요. 분명히 나라의 경제는 성장했는데, 국민들의 삶은 여전히 힘들었어요. 경제 성장의 혜택을 국민들이 골고루 나눠 갖는 것이 아니라 왕과 소수의 귀족이 독점했답니다. 중상주의 이론에 의하면 국가의 경제 성장이 국민들의 삶에 행복을 가져다줘야 하는데, 현실은 그렇지 못했던 거지요.

여전히 대부분의 국민들은 생존의 문제에 직면해 있었어요. 하루를 먹고살 걱정을 계속해야 했지요. 그러자 의구심이 생기기 시작했어요. '왜 우리는 행복하지 못할까?'라는 질문을 하기 시작한 것이지요. 그리고 그 답을 어렵지 않게 찾을 수 있었답니다. 국가 권력이 왕에게 독점되어 있어서, 나라의 경제가 발전한 성과도 왕에게 독점되어 있기 때문이라는 것을요. 앞에서 이야기했듯이, 가장 중요한 생존의 문제를 해결하지 못했기 때문에 중상주의는 실패하고 말았습니다.

근대 국가의 탄생

이후 사람들이 **시민 혁명**을 일으켜 절대 왕정이 무너지고 근대 국가가 수립됩니다.

근대 국가의 가장 큰 특징은 국가 권력을 최소화하고 개인에게 최대한의 자유를 보장하는 거예요. 절대 왕정이 실패한 원인은 권력이 왕에게 집중되어 있었기 때문이니까요. 사람들은 더 이상 왕이 신의 선택을 받은 존재라고 믿지 않았어요. 그리고 왕이

> **시민 혁명**
> 국가의 주인이 왕이 아닌 시민임을 증명하는 혁명으로 영국의 명예혁명, 프랑스 대혁명, 미국의 독립혁명을 말한다.

경제 문제를 해결하는 열쇠가 아니라는 것도 깨달았습니다.

절대 왕정 시기에 스스로 판단하고 자신의 의사에 따라 행동할 수 있는 사람은 왕과 소수의 귀족에 불과했습니다. 대다수의 국민들은 지배 계급인 왕과 귀족들의 판단에 따라 행동했을 뿐이지요. 물론 한동안은 그들의 판단이 국민들보다 정확했어요. 앞에서 말했듯이 지식을 독점한 사람들이었으니까요. 그러나 시간이 지나면서 점차 지배층은 사치와 향락에 빠지게 되었습니다. 상공업이 발달함에 따라 부를 축척한 상인들 중에 학문 연구에 관심을 갖는 사람들이 등장했답니다. 이러한 사람들이 주축이 되어 시민 혁명이 일어났고 이후에 국민들은 깨달은 거예요. 누구나 '스스로 생각하고 판단해서 행동할 수 있다'는 것을 말이에요. 그리고 이러한 가치가 근대 국가의 이념이 된 거랍니다.

근대 국가는 국가 권력을 최소화해서 개인에게 최대한 개인의 자유를 보장하려고 해요. 국가의 역할은 외교, 국방, 치안에 국한되었어요. 나머지는 모두 개인의 자유의사에 맡겼지요. 이런 국가를 '야경국가'라고 부른답니다. 국가란 밤에 도둑 잡는 경찰의 역할만 하면 충분하다는 뜻이지요.

자유방임주의

근대 국가의 대표적인 경제 이론은 애덤 스미스의 '자유방임주의'예요. 자유방임주의란 '경제 문제는 시민들이 알아서 해결할 수 있다'는 것입니다. 누군가가 대신해 주지 않아도 시민들 스스로가 경제 문제를 해결할 능력을 갖추고 있다는 거지요.

예를 들어 농부가 농사를 지을 때 '어떤 농작물을 심는 것이 가장 큰 이익을 볼 수 있을까?'라는 경제 문제를 겪는다면, 그 답은 왕이 알려 줄 수 있는 일이 아니라 농부 스스로 판단할 수 있다는 겁니다.

소비자의 입장에서도 '어떤 물건을 사는 것이 가장 좋을까?'라는 고민에 답하는 사람은 스스로여야 하겠지요. 왕이 아니라 말이에요.

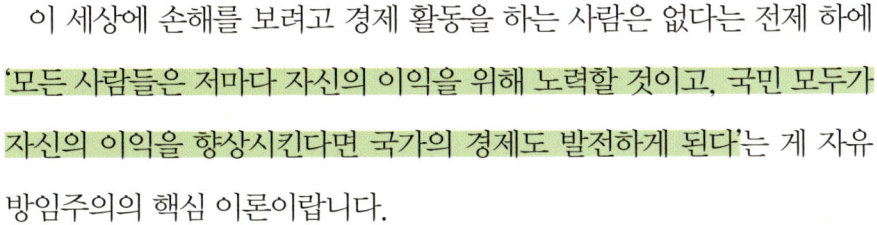

이 세상에 손해를 보려고 경제 활동을 하는 사람은 없다는 전제 하에 '모든 사람들은 저마다 자신의 이익을 위해 노력할 것이고, 국민 모두가 자신의 이익을 향상시킨다면 국가의 경제도 발전하게 된다'는 게 자유방임주의의 핵심 이론이랍니다.

자유방임주의가 실현되기 위해서 보장되어야 하는 전제 조건이 두 가지가 있어요. 이 두 가지는 초등학교 교과 과정에 나오는 내용이기 때문에 꼭 기억합시다. 정말 중요한 내용이에요.

자유방임주의 실현에 필요한 사회적으로 보장되어야 하는 두 가지는 '경제 활동의 자유'와 '경쟁'입니다. '경제 활동의 자유'는 말 그대로 경제 활동을 하는 과정에서 각 개인이 자신의 이익을 위해 하고 싶은 것을 할 수 있어야 한다는 뜻입니다. '경쟁'은 경제 활동 과정에서 어떤 한 사람이나 단체가 경제적 이익을 독점하는 것이 아니라, 다른 사람 혹은 단체와의 공정한 대결을 통해 얻어야 한다는 뜻이에요. 이 두 가지 중 하나라도 보장되지 않는다면 자유방임주의가 실현된다고 볼 수 없답니다.

시장 경제 체제

중상주의는 '국가의 경제 성장이, 국민 개개인의 경제 성장을 가져온다'라고 보고 있었지요? 자유방임주의는 정반대의 입장에서 '국민 개개인이 자신의 이익을 위해 노력한다면, 국가의 경제도 성장할 것이다'라고 보는 거예요. 이러한 경제 이론을 바탕으로 수립된 경제 체제가 바로 시장 경제 체제랍니다.

시장 경제 체제란 시장이 경제 문제를 해결한다는 말이에요. 여기서 말하는 시장이란 물건을 사고파는 눈에 보이는 시장을 의미하는 것이 아닙니다. '생산자와 소비자의 경제 활동이 이루어지는 과정'을 의미합니다. 시장 경제 체제란 경제 활동을 하는 개개인이 직접 경제 문제를 해결한다는 뜻이지요.

현대의 경제 체제

중상주의를 벗어나 자유방임주의를 채택한 근대 국가의 시장 경제 체제도 무너지게 됩니다. 시장 경제 체제가 무너진 가장 큰 이유는 바로 인간의 이기심 때문이에요.

모든 인간이 선한 존재는 아닙니다. 사람들은 저마다 자신의 이익을 실현하려고 최대한 노력했고, 그 결과 다른 사람에게 손해를 끼치는 일까지 발생하기 시작했어요. '내 이익을 위해서라면 타인에게 피해를 줄 수도 있다'라는 생각을 하게 된 거지요.

근대 국가는 빈곤, 실업, 환경 오염, 인간 소외 등 심각한 사회 문제를 경험하게 돼요. 간단한 예를 들어 볼게요. 기업가들은 자신들의 이익을 극대화하려고 노동자들의 임금을 한없이 낮게 책정했어요. 자신만 돈을 벌고 이윤을 남기면 된다고 생각한 거예요. 기업가 입장에서는 노동자들에게 임금을 적게 줄수록 자신의 이익이 늘어났거든요. 이 시기에는 일할 사람은 많은데 일자리가 부족했어요. 일자리를 찾는 사람들은 **임금**이 적어도 참을 수밖에 없었답니다. 기업가들은 노동자들을 사람으로 대우하지 않았고 부품으로 여기기 시작했어요. 노동자들의 굶주림에는 관심이 없고, 오로지 자신들의 경제적 이익만을 중요하게 생각한 것이지요.

> **임금(월급, 주급)**
> 근로자가 일을 하고 받는 대가를 '임금'이라고 해요. 우리는 흔히 '월급'이라는 표현을 쓰는데, 임금을 받을 때 매달 받으면 '월급', 매주마다 받으면 '주급'이 된답니다.

또한 기업가들은 공장을 지을 때 환경을 고려하지 않았어요. 공장에서 나오는 엄청난 오염 물질들이 정화되지 않고 하늘로, 강으로 쏟아져 나왔답니다. 이러한 오염 물질들은 환경을 오염시켰고, 그로 인해 매우 많은 사람들과 동물들이 병에 걸리거나 목숨을 잃게 되었어요. 기업가들은 환경을 지키는 데 필요한 정화 시설을 설치하는 것이 자신들에게는 경제적으로 손해라고 판단한 거예요.

이러한 상황이 반복되자 대다수의 노동자들은 '왜 우리는 여전히 행복하지 않을까?'라고 의문을 품을 수밖에 없었어요.

절대 왕정이 무너지고 근대 국가

가 나타났고, 자유방임주의를 바탕으로 시장 경제 체제가 수립되었으니 분명히 세상이 좋아지고, 사람들의 삶이 행복해져야 할 텐데 현실은 전혀 달랐던 거예요.

사람들은 깨달았어요. 시장 경제 체제에 문제가 있다는 것을 말이에요. 절대 왕정 때는 신분에 따른 불평등이 있었다면, 근대 국가에서는 자본에 따른 불평등이 존재했던 거예요. 돈이 많은 사람들은 더욱 부자가 되고 행복하게 살 수 있지만, 가난한 사람들은 더욱 가난해지고 절대 행복해질 수 없는 구조였지요. 그래서 뒤이어 등장한 이론이 바로 케인즈의 '수정 자본주의'랍니다.

수정 자본주의

수정 자본주의는 자유방임주의의 원칙 아래에 있지만, 국가의 개입도 허용하는 거예요. 각 개인이 자신의 이익을 극대화시켜도, 사회 전체의 이익이 증가하는 것은 아니라는 것을 깨달은 거지요. 자신의 이익을 증가시키려고 노력하는 행위가, 오히려 다른 사람에게 피해를 줄 수 있다는 겁니다.

그렇다면 사회 구성원 모두가 행복한 삶을 살기 위해서는 어떻게 해야 할까요? 시장이 해결할 수 없는 문제가 발생하면 국가가 개입하여 문제를 해결해 주어야 하겠지요. 예를 들어, 사람들이 인간다운 생활을 할 수 있도록 최저 생계비(부자에게 세금을 걷어 가난한 사람을 도와야 한다는 뜻)를 지원해야 하고, 기업가들이 무턱대고 임금을 깎을 수 없도록 최저 임금을 보장해야 한다는 뜻이지요. 또한 환경 보전을 위해 공장을 지을 때 반드시 정화 시설을 설치하는 법을 만드는 것도 국가가 경제 활동에 개입하는 모습입니다.

오늘날 이러한 현대 국가의 경제 체제를 혼합 경제 체제라고 부릅니다. '시장 경제 체제(경제 활동의 자유와 경쟁의 보장) + 정부의 개입 = 혼합 경제 체제'라고 생각하면 될 거예요.

우리 경제의 특징

벌써 중상주의나 시장 경제 체제, 혼합 경제 체제 등을 전부 살펴봤네요. 조금은 뿌듯한가요? 드디어 오늘 수업의 마지막 부분이 남았군요. 바로 우리 경제의 특징입니다. 우리나라의 경제 체제는 혼합 경제 체제랍니다. 경제 활동의 자유와 경쟁을 보장하면서 정부가 개입할 수 있다는 거예요.

여러분이 학교에서 공부할 때는 경제 체제의 변천 과정을 배우지 않아요. 중상주의와 자유방임주의에 대해서도 공부하지 않습니다. 이건 중학교에서 다루는 내용이거든요. 초등학교에서는 우리 경제의 특징으로 '경제 활동의 자유, 경쟁, 정부의 개입이 있어요'라고만 배우고 넘어갑니다. 하지만 쌤은 사람들이 왜 이러한 경제 체제를 선택했는지 배우면, 우리 경제의 특징에 대해 외우지 않아도 이해할 수 있을 거라고 생각해요. 쌤은 우리 친구들이 사회를 이렇게 하나하나 이해하면서 공부했으면 좋겠습니다.

오늘은 정말 어려운 내용을 살펴본 거예요. 정말 수고 많았습니다. 다음 시간에는 우리나라의 경제 성장 과정에 대해서 알아보도록 할게요.

경제 체제의 변화

절대 왕정
(왕권신수설, 상비군)

중상주의
경제 문제 → 왕이 해결
국가 권력 → 왕에게 집중
국가의 경제 성장 → 국민의 경제 성장
신분에 따른 불평등 → 생존의 문제 해결 실패

근대 국가
(야경국가)

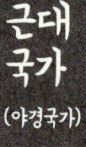

시장 경제 체제 (자유방임주의)
경제 문제 → 시장이 해결(개인이 스스로 판단)
국가 권력 최소화, 개개인에게 최대한의 자유 보장
국민의 경제 성장 → 국가의 경제 성장
재산에 따른 불평등
→ 빈곤, 실업, 빈부 격차, 환경 오염 발생

현대 국가

혼합 경제 체제 (수정 자본주의)
경제 문제 → 원칙은 시장+정부 개입 가능

우리나라 경제의 특징
1. 경제 활동의 자유
2. 경쟁
3. 정부의 개입

한강의 기적은 누가 이루었을까?

우리나라는 어떻게 잘사는 나라가 됐을까?

우리나라의 경제 성장과 무역

오늘도 수업을 시작하기 전에 질문을 하나 할게요. 여러분은 한국에서 태어난 것에 감사하나요? 쌤이 수업하면서 이런 질문을 던지면, 의외로 많은 친구들이 '한국에서 태어나서 아쉬워요. 더 좋은 나라에서 태어났으면 좋았을 거예요'라고 대답하더군요. 쌤은 지구상의 수많은 국가들 중에서 한국에 태어난 것을 다행이라고 여기는데 말이지요.

국가의 경제 순위를 알 수 있는 가장 일반적인 지표는 GDP(한 나라 안에서 1년 동안 생산된 재화와 서비스의 총합)예요. IMF(국제통화기금)에서 2015년에 발행한 자료를 보면 2015년 당시 우리나라의 GDP는 세계 11위였어요. 전 세계 약 200여 개의 국가들 중에서 11등이면, 상당히 잘사는 편이라고 말할 수 있겠지요.

물론 잘산다고 행복하다는 뜻은 아니랍니다. 하지만 다시 태어난다면 일단 확률적으로 한국보다 잘사는 나라이긴 힘들 거예요. 어때요? 이제 '한국에서 태어난 것이 운이 좋았구나'라는 생각이 드나요?

우리는 인간이고 욕망이 무한하기 때문에 더 좋은 것을 바라는 마음은 당연해요. 하지만 쌤은 여러분이 우리나라를 싫어하지는 말았으면 해요. 미래에 여러분이 대한민국의 리더가 되어 있을 때는 훨씬 더 살기 좋은 나라가 될 테니까요. 자긍심을 지니고 살자고요.

예전에 우리나라는 어떤 모습이었을까요? 오늘 쌤과 공부할 첫 번째 주제는 바로 한국의 경제 발전 과정입니다. 언제부터 우리나라가 잘사는 국가가 되었는지 살펴보도록 할게요.

한국의 경제 발전 과정

'세계에서 가장 가난한 나라가 어디일까요?'라고 묻는다면, 떠오르는 국가들이 있을 거예요. 쌤이 특정 국가를 지칭할 수는 없지만, 아마 대부분의 친구들은 아프리카의 몇몇 나라를 떠올릴 겁니다.

1950년대의 대한민국이 그랬어요. 그 당시 우리나라는 세계에서 가장 가난한 나라였어요. 전 세계 사람들이 누구나 쉽게 떠올리는 가장 가난한 나라였지요. 왜 그렇게 가난했을까요? 여러분이 한번 대답해 봅시다. '제가 그걸 어떻게 알아요'라고 대답했다면, 쌤이 많이 아쉬울 것 같아요. 충분히 대답할 수 있고, 또 대답해야 하는 질문이거든요.

1910년 경술국치로 조선이 일본의 식민지로 전락하였습니다. 이후 우리 민족은 끊임없이 독립하려 노력했고, 1945년 8월 15일에는 역사적인 광복을 맞이하게 됩니다. 하지만 약 40여 년의 시간 동안 우리는 일본에게 수많은 인적, 물적 자원들을 약탈당했기 때문에 독립을 맞이한 시점에는 남은 것이 제대로 없었습니다. 광복 이후로도 우리나라는 미국과 소련 등 당시 강대국들 세력 다툼의 희생양이 되어 1950년 6월

6.25전쟁 이후 폐허가 된 우리나라 모습

25일에는 동족상잔의 비극인 6.25 전쟁이 일어나게 됩니다. 6.25전쟁은 1953년 7월 27일 휴전 협정이 체결될 때까지 지속되었는데, 그 기간 동안 전 국토가 쑥대밭이 되었어요.

우리나라는 1945년까지 **식민 지배**를 받았고, 그 이후에는 6.25전쟁을 겪었습니다. 이제는 진짜 가진 것이 아무것도 없는 나라가 되었지요. 당시 전 세계 사람들이 이런 한국을 보면서 '세계에서 가장 가난한 나라, 가장 불쌍한 나라'라고 말하는 것은 너무나 자연스러운 일이었어요.

> **식민 지배**
> 군사나 경제적으로 힘을 가진 국가가 다른 국가를 침략하여 국권을 빼앗고 지배하는 일을 말한다.

그랬던 대한민국이 1960년대부터 달라지기 시작합니다. 드디어 우리나라의 경제 발전이 시작된 거예요. 1960년대, 우리나라는 산업 구조를 개편하고 '경제개발 5개년 계획' 등 경제 성장을 위한 다양한 경제 정책을 추진합니다.

당시 우리나라는 1차 산업 특히 농업 중심의 산업 구조를 가지고 있었습니다. 하지만 이러한 구조로는 경제 성장의 한계가 있다고 판단하여, 2차 산업을 중점적으로 육성합니다. 1960년대에는 경공업 중심, 1970~1980년대에는 중화학 공업 중심, 1990년대 이후에는 첨단 산업과 서비스업 중심으로 경제 구조를 개편하였어요. 그래서 2015년 GDP 세계 11위의 대한민국이 만들어졌지요.

경공업과 중화학 공업

여러분은 경공업과 중화학 공업을 구분할 수 있나요? 구분이 힘든 친구들이 많을 것 같아서 이 부분도 짚고 넘어갈게요.

1차, 2차, 3차 산업을 구분하는 방법은 기억하지요? 재화를 생산하느냐, 서비스를 생산하느냐에 따라 구분해요. 재화를 생산한다면 자연에서 직접 얻는지, 자연에서 얻은 원료를 바탕으로 인간의 생활에 필요한 것을 새롭게 만드는지에 따라 구분하고요.

농업과 어업이 1차 산업, 제조업과 건축업이 2차 산업, 서비스업과 금융업이 대표적인 3차 산업입니다.

경공업과 중화학 공업은 제조업을 구분한 것이라고 생각하면 돼요. 교과서에는 식품, 섬유, 잡화처럼 가벼운 제품을 생산하는 제조업을 경공업이라 부르고 철강, 배, 자동차, 기계 등과 같이 무거운 제품을 생산하는 중공업과 석유 화학 공업을 합쳐서 중화학 공업이라 부릅니다.

쌤은 여기에 한 가지 더 추가할게요. 제품을 생산하는 데 있어 노동력의 비중이 큰 산업을 경공업이라 부르고, 자본과 기술의 비중이 큰 산업을 중화학 공업이라 부릅니다.

> **산업의 종류**
>
> **1차 산업** : 자연에서 직접 얻는 산업
>   농업, 어업, 임업
>
> **2차 산업** : 인간 생활에 필요한 것을 만드는 산업
>   경공업 : 노동력의 비중이 큰 공업 (식품, 섬유, 잡화)
>   중화학 공업 : 자본과 기술의 비중이 큰 공업 (철강, 조선, 석유 화학)
>
> **3차 산업** : 사람들에게 즐거움과 만족감을 주는 산업
>   서비스업

특정 산업이 '좋다' 혹은 '나쁘다'라고 단정할 수는 없지만, 1차 산업보다는 2차 산업이나 3차 산업이, 경공업 보다는 중화학 공업이나 첨단 산업이 더 큰 부가 가치(이익)를 생산합니다.

산업 구조를 살펴보면 보통 1차 산업의 비중이 큰 나라보다 2, 3차 산업의 비중이 큰 나라가 잘살고, 경공업보다 중화학 공업이나 첨단 산업이 발달한 나라가 더 잘산다고 할 수 있지요.

그렇다면 하나 더 생각해 봅시다. 왜 가난한 나라들은 중화학 공업이나 첨단 산업을 하지 않을까요? 그 산업이 발달하면 더 큰 이익을 볼 텐데, 왜 여전히 농업이나 어업에 집중할까요? 쌤이 앞에서도 이야기했듯

이 복습하는 게 아니라면 정답이 아니어도 괜찮아요. 스스로 생각해 보는 과정, 그 자체만으로도 충분히 의미가 있답니다.

대답했나요? '하고 싶어도 못 하니까요', '할 줄 모르니까요'라고 대답하는 친구들이 있는데, 그게 정답입니다. 농업보다는 경공업이, 경공업보다는 중화학 공업이나 첨단 산업이 더 큰 이익을 가져다준다는 것은 누구나 알고 있어요. 하지만 알고 있다고 할 수 있는 건 아니랍니다. 누구나 할 수 있다면 이 세상에 가난한 나라는 존재하지 않았겠지요.

아무나 할 수 없는 이유는 노동력, 기술, 자본이 필요하기 때문입니다. 처음부터 이것들을 갖춘 나라는 없습니다. 오늘날 선진국이라 부르는 서양의 국가들은 다른 대륙의 국가들보다 일찍부터 산업을 발전시키고, 경제 성장을 위한 노력을 했습니다. 또한 과거 유럽의 국가들은, 일본이 우리나라를 식민지로 삼고 수탈했듯이 다른 대륙의 국가들을 식민지로 삼고 약탈하면서 경제를 크게 발전시켰습니다. 그 결과 다른 대륙의 국가들은 더욱 가난해졌고, 유럽과의 격차가 커져만 갔지요.

한강의 기적

어쨌든 오늘날 선진국으로 불리는 나라들은 산업 구조를 개편하고 경제를 성장시키는 데 약 300년 이상의 시간이 걸렸습니다. 혹시 우리나라는 몇 년이 걸렸는지 알고 있나요? 쌤이 조금 전에 이야기했는데, 기억나지 않는다고요? 우리는 불과 50~60년 만에 이뤄 냈어요. 다른 나라를 식민 지배한 것이 아니라 오히려 식민 지배를 받은 나라가, 독립한 이후에는 6.25 전쟁을 겪으며 분단의 고통을 받은 나라가, 유럽도 300

년이 넘게 걸린 일을 겨우 50~60년 만에 했습니다. 이 엄청난 사실에 전 세계는 '한강의 기적'이라는 표현을 쓰며 경외감을 나타냈습니다.

어떻게 해냈을까요? 대한민국을 발전시킨 사람이 누구였을까요? 바로 여러분의 할아버지, 할머니입니다. 대한민국의 경제 성장은 어느 한 사람의 업적이 아니에요. 1950년대를, 1960년대를, 1970년대와 1980년대를 대한민국에서 살았던 사람들의 노력이 합쳐진 결과랍니다.

1950년대에는 농업이 우리나라의 주요 산업이었다고 했지요? 전쟁이 끝난 뒤 아무것도 남아 있지 않았기에 생산량이 많지 않았어요. 굶주림을 면하는 것조차 힘들었던 사람들의 삶이었답니다. 그런 상황에서도 우리들의 할아버지, 할머니는 자식들을 교육시키셨어요. 교육열만은 아주 높았지요. 전에 한 번 이야기했는데 보통 공부는 경제적 여유가 있어야 가능해요. 당장 먹을 것이 없으면 먹을 것을 찾는 일에 우선을 두게 되는 게 대부분의 사람들이지요. 공부를 하는 건 순서가 뒤로 밀리기 쉽고 그게 일반적이에요. 그런데 우리들의 할아버지, 할머니들은 본인들은 굶고 배고파도 자식들을 교육시키려고 애쓰셨어요. 그 결과 우리는 1960년대에 경공업을 발전시킬 수 있었던 거지요.

1960년대에 경공업이 성장하면서 생산량이 늘어났어요. 생산량이 늘어나자, 사람들은 그것을 보며 더욱 노력했지요. 생각해 봐요. 이건 정말 쉬운 일이 아니에요. 하루에 한 끼밖에 먹지 못하는 사람에게 돈이 생겼어요. 그럼 어떻게 할까요? 당연히 먹을 것을 사겠지요? 그런데 우리들의 할아버지, 할머니들은 '지금까지 한 끼 먹고도 죽지 않고 살았다. 돈이 생겼으니 이걸 가지고 자식들을 더 가르쳐야겠다'라고 생

각하신 분들인 거예요. 그렇게 모은 자본과 축적된 기술을 바탕으로 1970~1980년대에 중화학 공업을 발전시킬 수 있었고 오늘날 세계 경제 순위 11위의 대한민국을 만들 수 있었던 거랍니다.

이 정도로 짧은 기간에 이만큼 성장한 나라는 찾아보기 힘듭니다. 이러한 일은 우리나라의 경제 성장 과정에서 그 시대를 살았던 사람들의 희생이 있었기 때문에 가능한 거랍니다. 여러분의 할아버지, 할머니에게 감사하는 마음을 가졌으면 좋겠어요.

무역이란

지금까지 우리나라의 경제 성장 과정에 대해 살펴봤는데, 이제부터는 무역에 대해 공부해 봅시다. 무역은 우리나라의 경제 성장 방법이라고 생각하면 돼요. 우리는 무역을 통해서 경제를 발전시켰습니다. 그렇다면 무역의 개념부터 정리해 볼까요?

무역은 나라와 나라 사이에 재화와 서비스를 사고파는 것을 말합니다. 이 문장에는 무역이 되기 위한 조건이 세 가지 담겨 있는데, 이제는 어렵지 않게 찾을 수 있을 것 같군요. 나라와 나라 사이에 이뤄져야 하고, 재화와 서비스의 형태를 띠며, 사고파는 것을 의미합니다. 한 나라 안에서 이뤄지는 경제 행위, 혹은 다른 나라에 구호품을 보내는 것과 같은 행위는 무역에 포함되지 않아요.

우리나라의 연예인들이 해외에서 공연하는 것은 무역일까요? 연예인들이 돈을 받지 않고 공연을 한다면 무역에 해당하지 않겠지만, 티켓을 팔고 돈을 번다면 무역입니다. 이제 무역이 무엇인지 알 수 있겠지요?

그럼 무역은 왜 할까요? 이 질문도 한번 고민해 봅시다. 무역을 하는 까닭을 이해하려면, 예전에 공부했던 도시와 촌락에 대해 복습하면 좋을 것 같아요. 지역마다 사람들의 생활 모습이 다르다고 했어요. 왜 그랬지요? 이건 당연히 대답하겠지요? 맞아요. 지역마다 자연환경과 인문환경이 다르기 때문입니다.

우리가 살고 있는 지역을 크게 도시와 촌락으로 구분하고, 촌락을 다시 농촌, 어촌, 산지촌으로 구분한다고 했습니다. 그리고 각각의 지역마다 발달한 산업이 다르다고 했어요. 도시는 주로 2, 3차 산업이 발달하고, 농촌은 농업, 어촌은 어업, 산지촌은 임업이 발달한다고 공부했지요. 그렇다면 각각의 지역에서 생산되는 생산물이 다를 거예요.

예를 들어 도시에서는 스마트폰을 생산하고, 농촌은 벼를 생산하고, 어촌은 고등어를 생산하고, 산지촌은 약초를 생산해요. 그런데 사람은 한 가지만으로 살 수 없어요. 전부 필요하지요. 도시에 사는 사람들은 스마트폰만 사용하는 게 아니라 밥과 고등어를 먹고, 아프면 약도 먹어야 해요. 하지만 도시에서는 스마트폰만 생산하니까 쌀과 고등어와 약초는 다른 지역에서 가져와야 하는 거지요. 물론 이 과정이 공짜는 아니에요. 경제 활동을 통해 필요한 것들을 구입해야 하지요. 농촌, 어촌, 산지촌에 사는 사람들도 마찬가지고요. 지역마다 자연환경과 인문환경이 다르기 때문에 생산물이 다르고, 그러한 이유로 지역 간의 경제적 교류를 통해서 부족한 부분을 얻을 수 있는 거랍니다. 또한 이러한 경제적 교류를 통해 소득도 얻을 수 있고요.

무역도 마찬가지예요. 나라마다 자연환경과 인문환경이 다르기 때문에 생산물의 차이가 존재합니다.

사람들은 자신의 나라에서 생산하지 않는 재화나 서비스를 얻기 위해 다른 나라와 경제적 교류를 하게 되는데, 이게 바로 무역이에요.

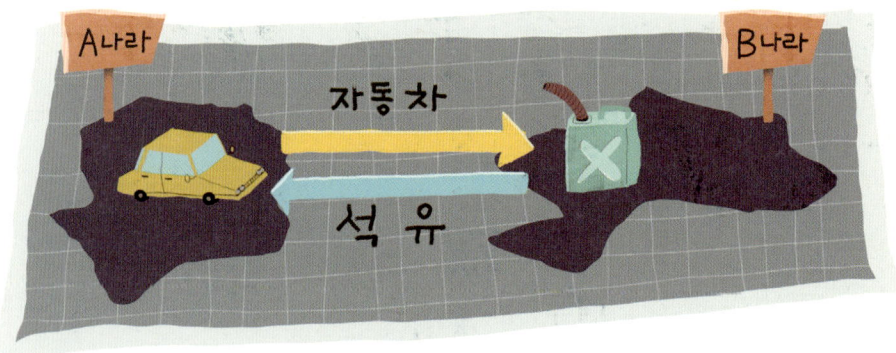

예를 들면, A나라는 자동차를 만들 기술이 있지만, 석유는 생산되지 않아요. 반대로 B나라는 석유는 생산되지만, 자동차를 만드는 기술은

가지고 있지 않아요. 이런 경우에 A나라는 B나라에 자동차를 **수출**하고, B나라에서 석유를 **수입**하지요. 두 나라는 자신의 재화와 서비스를 다른 나라에 수출함으로써 경제적 수익을 거둘 수 있게 됩니다. A나라와 B나라의 이러한 경제적 교류가 바로 **무역**이에요.

> **무역**
> 나라 간에 실행되는 경제적 교류. 수출과 수입으로 이루어진다.
>
> **수출**
> 다른 나라에 재화나 서비스를 파는 행위이다.
>
> **수입**
> 다른 나라로부터 재화나 서비스를 구입하는 행위이다.

무역은 경제 성장의 기반

우리나라는 무역을 통해 경제 성장을 했어요. 이론적으로는 아주 간단해요. 수출을 많이 하고 수입을 적게 하면 경제 성장을 이룰 수 있지요. 말은 쉽지만, 이게 결코 쉬운 일은 아니에요. 다른 나라에 수출한다는 것은 전 세계 국가들과 경쟁한다는 뜻이에요. 우리나라가 미국에 어떤 제품을 수출한다고 가정하면, 우리만 그 제품을 수출하는 것이 아니겠지요? 그 제품을 만들 수 있는 다른 나라들도 미국에 수출하고 있다는 겁니다. 미국 소비자들이 우리 것을 선택하기 위해서는, 다른 나라의 제품보다 성능이나 디자인이 뛰어나거나 가격이 저렴해야 해요. 제품의 경쟁력을 확보해야 한답니다.

1950년대 경제 수준의 밑바닥부터 2015년 세계 11위가 되기까지, 대한민국은 정말 잘해 왔어요. 몇 차례 위기도 있었지만, 좌절하지 않고 극복하고 새로운 기회를 만들었지요. 여러분의 할머니, 할아버지와 어머니, 아버지가 열심히 일하고 노력해서 지금의 우리나라를 만드신 거랍니다. 이제는 여러분의 손에 달려 있어요. 앞으로 살아갈 미래의 대한민국은 여러분의 손으로 만들어야 한다는 것을 잊지 마세요.

가끔 쌤이 가르치는 학생들 중에는 옆자리에 앉은 친구를 경쟁자라고 여기는 경우도 있어요. 여러분 옆에서 함께 공부하는 친구는 경쟁자가 아니에요. 대한민국의 미래를 함께 이끌어갈 동료입니다. 그보다는 이 순간 미국이나 일본, 아니면 중국에서 공부하고 있는 누군가를 생각해 보는 게 어떨까요? 결국은 자기 자신을 먼저 이겨야 하겠지만요.

쌤은 여러분이 항상 넓은 시야를 얻으려고 노력하면서, 이 순간을 열정적으로 보내길 응원할게요.

---

1. 우리나라의 경제 성장 과정
 1950년대 : 농업
 1960년대 : 경공업
 1970~1980년대 : 중화학 공업
 1990년대 이후 : 서비스업, 첨단 산업

2. 산업의 종류
 1차 산업 - 자연에서 직접 얻는 산업 - 농업, 어업, 임업
 2차 산업 - 인간의 생활에 필요한 것을 만드는 산업 - 제조업
  경공업 : 노동력의 비중이 큰 공업 - 식품, 섬유, 잡화
  중화학공업 : 자본과 기술의 비중이 큰 공업 - 철강, 조선, 석유 화학
 3차 산업 - 사람들에게 즐거움이나 만족감을 주는 산업 - 서비스업

3. 무역 : 나라와 나라 사이에 재화와 서비스를 사고파는 행위

9 교시

경제가 성장하면 무조건 좋은 거 아닌가요?

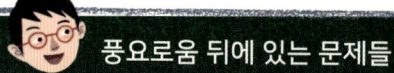

경제 성장에 따른 사회 문제

풍요로움 뒤에 있는 문제들

이번 시간에는 경제 성장에 따른 사회 문제에 대해 공부해 볼게요. 그동안 우리가 경제 성장의 긍정적인 면에 대해 이야기했다면, 지금부터는 부정적인 면을 살펴보려고 해요.

경제 성장의 부작용

'경제 성장의 부작용'이라는 말을 보면 어떤 느낌이 드나요?

'경제 성장에 나쁜 부분도 있나? 성장하면 좋은 거 아닌가?' 이런 생각을 할 텐데, 사회 변화에는 긍정적인 면과 부정적인 면이 언제나 함께 존재한다는 것을 알았으면 좋겠네요. 그렇다고 사회 변화가 나쁘다는 뜻은 아니에요. 사람들이 더 나은 삶을 위해 사회를 변화시킬 때는 긍정적인 면뿐만 아니라 부정적인 면도 함께 고려해야 하고, 그 부작용을 최소화하기 위해 노력해야 한다는 뜻이랍니다.

예를 들어서 국토개발 사업에 대해 이야기해 볼게요. 1교시에 공부했는데, 국토가 뭐였지요? 국토는 '우리 민족의 삶의 터전이자, 대한민국

| 공항 | 고속 국도 | 간척 사업 |

의 주권이 미치는 범위로 영토, 영해, 영공을 포함한다'고 했어요. 국토개발 사업은 이 국토를 사람들이 더욱 편리하게 생활할 수 있도록 개발하는 것을 말해요. 교과서에 실린 표현을 인용하면, '사람들의 편리한 생활을 위하여 한정된 국토를 효율적으로 개발하는 사업'을 뜻합니다.

우리가 살고 있는 국토는 당연히 한정되어 있겠죠? 영토, 영해, 영공이 변하는 건 아니니까요. 하지만 그 안에 살고 있는 사람들은 더 나은 생활을 원한답니다. 그렇기에 우리가 살고 있는 국토를 효율적으로 개발하려고 하는 거예요. 공항을 건설하고 산에 터널을 뚫고 고속 국도를 건설하고 간척 사업을 하는 것 등이 대표적인 국토개발 사업이에요.

이러한 것들이 만들어지면, 인간의 생활은 분명히 편리해져요. 하지만 모든 것이 좋아지는 건 아니에요. 어떤 문제가 발생할까요? 다들 대답했지요? 환경이 파괴된답니다.

국토개발 사업은 필연적으로 환경 파괴를 가져올 수밖에 없어요. 그러면 하지 말아야 할까요? 공항도 짓지 말고, 간척 사업도 하지 말고, 항구도 만들지 말고, 고속 국도도 건설하지 말까요? 그건 아닐 거예요.

이런 시설들을 건설하되, 환경에 피해를 최소로 할 수 있는 방향으로 해야 한다는 거예요. 이제는 사회 변화의 양면성과 우리의 대응 자세에 대해 이해했나요?

경제 성장도 이와 같아요. 경제 성장이 가져오는 긍정적인 측면이 있어요. 맛있는 음식을 배불리 먹고, 좋은 옷을 입고, 넓은 집에 살며, 편리한 생활 기기를 사용할 수 있게 되지요. 간단히 말해 과거와는 비교할 수 없을 정도로 잘살게 되고 엄청난 혜택을 누리게 돼요. 하지만 그에 따른 부작용도 분명히 있답니다.

이번 수업에서는 초등학교 교과 과정에서 언급하는 경제 성장에 따른 다양한 사회 문제들을 고민해 보도록 할게요.

교과서에서 다루는 사회 문제는 빈부 격차, 자원 고갈, 환경 오염 등이 있습니다. 쌤과는 이 문제들에 대해 공부해 봅시다.

빈부 격차

빈부 격차는 가난한 사람들과 부유한 사람들의 경제적 차이를 이야기해요. 시장 경제 체제를 바탕으로 하는 자본주의 국가에서는 어쩔 수 없이 나타나는 현상이에요. 사람들 저마다 능력의 차이가 존재하고, 노력의 차이도 존재하기 때문에 자유롭게 경쟁하다 보면 경제적인 차이도 발생하는 거예요. 남들이 놀 때 놀지 않고 열심히 공부한 친구가 좋은 대학에 가거나, 좋은 직장을 얻고, 더 많은 월급을 받는다고 해서 불공평하다고 말할 수 없겠지요? 이게 싫다면 개인 재산을 가질 수 없는 사회주의(공산주의) 국가로 가야 할 거예요.

자본주의와 사회주의의 가장 큰 차이는 사유 재산제(개인의 재산 소유)의 유무예요. 개인의 재산 소유를 부정하고 모든 것을 국가의 소유로 하는 체제가 사회주의예요. 개인이 재산을 소유할 수 없다면, 부자와 가난한 사람이라는 개념 자체가 성립하지 않겠지요. 당연히 빈부 격차가 나타날 수 없어요.

앞 장에서 경제 체제의 변천 과정을 수업할 때 빈부 격차가 심해지면서 근대 국가가 무너지고 현대 국가가 수립된다고 했죠? 그리고 현대 국가의 경제 체제는 케인즈의 수정 자본주의를 적용한 혼합 경제 체제라고 했고요. 사실 근대 국가가 무너지고 현대 국가가 출현하는 과정에

일제의 잘못된 식민지 교육

경제 문제는 경제가 성장하는 과정에서 나타나는 당연한 문제예요. 실제로 모든 선진국이 겪었고 지금도 겪습니다.

그런데 어떤 사람들은 우리나라의 경제 성장 과정에서 나타나는 다양한 사회 문제들을 보면서 우리나라만의 특별한 문제라고 인식하고, 패배주의에 빠져 한국을 비하해요. '우리나라가 그렇지 뭐. 한국은 원래 이런 나라야. 우리는 안 돼'라고 말하기도 하더군요.

쌤은 사람들의 이런 태도가 일본의 잘못된 식민지 교육 정책에서 비롯되었다고 생각해요. 일본은 과거 조선 식민 지배를 정당하게 포장하려고, 조선 사람들이 스스로 미개하고, 분열하고, 나약한 존재로 인식하도록 했어요. 일제 강점기에 태어난 사람들은 일본의 이런 교육 정책의 희생양이 되었지요. 혹시 여러분도 들어 본 적이 있을지 몰라요.

"우리 민족은 냄비 근성이 있어. 일이 벌어진 그때만 열 내고 중요한 사건도 지나면 금방 잊어버려."

"우리는 예전부터 뭉치지 못했어. 조선 시대에도 당파 싸움만 했다고."

광복을 맞은 뒤에도, 사람들의 머릿속에는 여전히 식민지 시대의 잘못된 교육의 영향이 남아 있는 거예요.

어떤 사건이든 터지면 당연히 분노하고, 시간이 지나면 잊히는 거죠. 이런 특성은 전 세계 모든 민족이 마찬가지예요.

당파 싸움은 조선 시대 붕당 정치를 말하는데, 붕당 정치는 토론 정치예요. 여러분이 역사 시간에 붕당 정치를 공부한다면, 얼마나 선진화된 정치 시스템인지 알 수 있을 거예요. 가장 올바른 선택을 하기 위해 끊임없이 토론하는 정치가 바로 붕당 정치랍니다.

쌤은 주변에서 우리 민족을 비하하는 사람들을 보면 꼭 이야기해요. 우리만 그런 것이 아니라고, 다른 나라의 사람들을 살펴본 후 이야기 하라고 말이죠. 남들은 어떤지 모르면서 '우리만 문제야'라고 말하는 건 이상하지 않나요? 무조건 우리가 잘하고 좋은 거라고 하는 것도 이상하지만, 우리만 나쁘다고 하는 것도 자신감을 꺾는 심각한 문제랍니다.

쌤은 여러분이 한국인이란 사실에 자부심을 느꼈으면 좋겠어요!

서 나타난 경제 체제는 사회주의 경제 체제와 혼합 경제 체제 두 가지였어요. 그런데 사회주의는 실패로 끝났고, 우리나라의 경제 체제도 혼합 경제 체제이기 때문에 혼합 경제 체제만 설명한 거예요.

사회주의가 실패한 이유는 무엇일까요? 어쩌면 인간의 본성을 무시했기 때문일 거예요. 가질 수 없다면 굳이 노력할 필요가 없는 거지요. 어차피 내 것이 될 수 없는데, 누가 열심히 노력하겠어요?

예를 들어 A와 B가 일을 하는데, A는 게으른 사람이라 대충대충 일해서 1년에 20을 생산해요. B는 부지런한 사람이라 열심히 일해서 1년에 100을 생산합니다. 사회주의 체제에서는 개인의 소유를 인정하지 않기 때문에 생산량을 모두 국가가 걷은 후 일정하게 나눠 줍니다. 즉, 국가에서 120을 걷어서 두 사람에게 60씩 나눠 주는 거지요.

서로가 양보하고 공평하다고 생각하면 좋겠지만, 보통 사람들은 이런 상황에서 그렇게 생각하지 않아요. A는 자신이 일한 것보다 많은 것을 받게 되기 때문에 '꼭 열심히 일할 필요가 없구나'라는 생각을 갖게 되고, B는 자신의 노력만큼 받지 못하게 되면서 열심히 일하려는 의지가 사라지게 됩니다. 이처럼 사회주의 체제를 선택했던 국가들은 모두 생산성이 떨어지게 되었어요. 그 결과 실패한 체제로 남고 말았지요.

그렇다면 자본주의 국가에서는 빈부 격차를 당연하게 받아들이나요? 쌤이 혼합 경제 체제를 설명하면서 뭐라고 했죠? 근대 국가는 빈부 격차의 문제를 해결하지 못했기 때문에, 현대 국가가 등장했다고 했어요. 혼합 경제 체제에서는 정부의 개입을 통해 문제를 해결한다고 했고요. 기억나지요?

자본주의 국가에서 개인의 노력이나 능력에 따라 어느 정도 빈부 격차가 발생하는 건 어쩔 수 없어요. 그런데 만일 빈부 격차가 능력이나 노력에 의해서가 아니라, 태어날 때부터 정해져 있다면 어떨까요? 사회적으로 용납할 수 없는 문제가 되겠지요? 바로 그거예요. 사회적으로 수긍할 수 있는 정도의 빈부 격차는 인정하되 그 이상의 과도한 빈부 격차가 발생한다면, 정부의 개입을 통해서 해결해야 한다는 거예요.

부유한 집에서 태어난 A와 가난한 집에서 태어난 B가 있다고 가정해 봅시다. 둘은 경제적 차이는 있지만, 행복한 가정에서 성장했어요. 그리고 초등학교에 입학했지요. 둘은 타고난 능력도 비슷하고 노력도 비슷하게 했어요. 그런데 A의 부모는 A의 학교 성적을 걱정하며 학원도 보내고, 과외도 시키고, 또 방학이 되면 영어 공부를 위해 몇 달씩 영어권 국가에 유학을 보내기도 했어요. B의 부모도 B의 학교 성적을 걱정했지만, 가난했기 때문에 많은 도움을 줄 수 없었어요.

A와 B의 10년 후 모습은 어떨까요? 20년 후 모습은 어떨 것 같아요? 물론 이건 절대적인 건 아니에요. 예외도 있지요. 부유한 집에서 태어나도 엉망으로 생활한다면 실패할 것이고, 가난한 집에서 태어나도 열심히 노력한다면 성공할 수 있을 거예요. 그런데 B가 성공하려면 A보다 훨씬 많은 노력을 해야겠지요? A는 B보다 쉽게 다양한 성공의 기회를 접할 수 있을 거예요. 그리고 시간이 흘러 A의 아이와 B의 아이들은 어떻게 될까요? 더 크게 차이가 나겠지요. 이런 걸 '부의 대물림'이라고 불러요. 개인의 능력이 아니라 집안의 경제력에 따라 사람들의 삶이 결정되는 거지요.

이런 상황에서는 사실 가난한 사람들은 성공할 기회가 거의 없다고 생각할 수 있어요. 그렇게 된다면 사회적으로 용납할 수 없겠지요? 그래서 정부에서는 부유한 사람들에게 세금을 걷어 가난한 사람들에게 혜택을 제공하는 거예요. 100퍼센트 똑같은 환경을 만들어 줄 수는 없지만, 가난하다는 이유로 기회조차 제공받지 못하면 안 된다는 거지요.

여러분은 앞으로 국가에 많은 세금을 낼 거예요. 그걸 국가가 여러분의 재산을 빼앗는다고 생각하지 말아야 해요. 집안이 어렵다는 이유로 노력할 기회조차 얻지 못하는 사람들에 대한 공정한 배려라고 생각하면 좋겠네요. 빈부 격차의 문제를 해결하기 위한 정부의 정책들에는 일자리 지원, 최저 생계비 지원, 양육비 및 학비 지원 등이 있답니다.

자원 고갈과 환경 오염

경제 성장에 따른 두 번째 사회 문제는 자원 고갈과 환경 오염이에요. 경제가 성장한다는 것은 그만큼 많이 만들어서 사용한다는 뜻이지요. 경제가 크게 성장하지 않았을 때는 생산하는 것도 적고, 소비하는 것도 적으니까 자원의 사용도 많지 않았어요. 환경 오염의 문제도 심각하지 않았지요. 그런데 지금은 어떤가요? 석유를 떠올려 보세요. 과거에는 사람들의 석유 사용이 많지 않아서 석유의 고갈이나 환경 오염에 대한 관심이 없었어요. 하지만 오늘날에는 이런 문제들에 대해 심각하게 고민하잖아요.

그렇다면 자원 고갈과 환경 오염 문제를 해결하는 방법은 무엇이 있을까요? 설마 '기계를 사용하지 말아요!'라고 대답하는 건 아니겠지요?

태양열 발전 조력 발전
풍력 발전 수력 발전

 자동차나 비행기를 모두 없애고, 걸어 다니는 것이 해결책은 아니잖아요. 먼 곳으로 여행도 갈 수 없고, 무역에도 큰 타격을 받게 될 테니까요. 가장 좋은 해결 방법은 에너지를 절약하고, 대체 에너지(신재생 에너지)를 개발하는 겁니다. 자동차를 없애는 것이 아니라 꼭 필요한 경우에만 이용하는 거지요. 대중교통을 이용하는 것도 에너지 절약이 되고, 사용하지 않는 전자 제품의 플러그를 콘센트에서 뽑아 두는 것도 에너지 절약이 된답니다. 쓰지 말자는 것이 아니라 필요한 만큼만 사용하고, 낭비하지는 말자는 거예요.
 신재생 에너지(대체 에너지)는 처음 듣는 친구들도 있을 텐데, ==기존의 화석 연료(석탄과 석유) 대신 사용할 수 있는, 환경을 파괴하지 않으면서도 고갈의 염려가 없는 연료==를 말합니다. 태양열, 조력, 풍력, 수력 등이 신재생 에너지에 해당한다고 보면 돼요. 이외에도 계속 개발되고 있는 에너지들이 많이 있습니다.

이런 에너지를 개발하여 새로운 자원으로 활용한다면, 자원 고갈과 환경 오염의 문제를 극복할 수 있을 거예요.

6교시부터 9교시까지 4시간에 걸쳐서 초등학교 과정에서 다루는 '경제 영역'에 대해 살펴봤습니다. 여러분의 눈빛이 여전히 초롱초롱하군요! 어려운 내용들이 많았지만, 그래도 열심히 따라오는 여러분을 보니까 쌤이 참 뿌듯하네요.

다음 시간에는 정치 영역에 대해 공부해 보겠습니다. 수고 많았어요.

경제 성장에 따른 사회 문제

1. 빈부 격차
가난한 사람과 부유한 사람의 경제적 차이 →
정부의 개입을 통하여 사회적으로 수용 가능한 범위까지만 빈부 격차 허용
(경제적 약자에 대한 배려 → 일자리 지원, 최저 생계비 지원, 양육비 및 학비 지원, 최저 임금 보장 등)

2. 환경 오염과 자원 고갈
에너지 절약 및 대체 에너지 개발 (신재생 에너지)
※대체 에너지 : 태양열, 조력, 풍력 등 환경을 파괴하지 않으면서 고갈의 염려가 없는 에너지

여러분, 우리 함께 모여 문제를 해결합시다!

민주주의가 추구하는 것들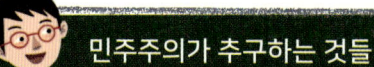

민주주의의 의미와 기본 원리

이제 환경, 경제를 넘어 정치 영역을 배우게 되었네요. 여기까지 온 여러분들에게 응원의 박수를 보내고 싶어요.

'사회 만점의 비법을 알아내겠어!'라는 결심을 하고 책을 펼쳤을 텐데, 어때요? 지금까지 책을 읽으면서 사회 과목에 대한 생각이 조금은 달라졌나요? 교과서에 나오는 다양한 주제들을 단순히 암기하려고 하지 않고, 무엇을 의미하는지 고민하게 되었다면 그걸로 충분해요.

쌤이 계속해서 강조하는 건 '외우지 말자!'입니다. 외우면 된다는 생각만 버려도, 여러분은 사회 만점의 비법을 알고 있는 거예요!

드디어 마지막 영역인 '정치'입니다.

민주주의

먼저 민주주의에 대해 이야기해 볼게요. 민주주의는 '한 사회에서 문제가 발생했을 때 사회 구성원들의 의견을 반영하여 해결하는 것'을 뜻해요. 이해하기 어렵나요? 예를 들어 볼게요. 대한민국에서 어떤 문제가 발생했을 때, 대한민국 국민들의 의견을 반영하여 그 문제를 해결하는 겁니다.

여기서 말하는 문제는 정말 심각한 국가적인 일만을 이야기하는 것이 아니라, 대한민국에서 발생하는 다양한 선택의 문제까지 포함하는 개념입니다. '헌법을 개정해야 하는가, 아니면 그대로 유지해야 하는가', '외국과 FTA를 체결해야 하는가, 체결하지 않아도 되는가', '대한민국 외교 정책은 어떤 식으로 진행되어야 하는가' 등 이 모든 질문들에 대하여 국민의 의견을 반영하여 답을 찾아야 한다는 겁니다.

어때요? 너무나 당연하지요. 여러분을 보니, '당연하잖아요. 너무 쉽잖아요'라는 표정이군요. 그런데 한번 생각해 봅시다. 민주주의가 우리 역사에서 정말 당연한 거였나요? 역사 책을 좋아하는 친구도 있고 그렇지 않은 친구도 있겠지만, 적어도 예전에는 나라의 주인이 왕이었다는 사실은 알고 있을 거예요.

기원전 2333년에 건국된 우리나라 최초의 국가인 고조선부터 고구려, 백제, 신라의 삼국 시대, 발해와 통일 신라의 남북국 시대, 고려 시대, 조선 시대까지 우리 역사에 존재한 국가들은 모두 군주제를 채택했고 **신분 제도**를 유지하고 있었습니다. 지배 계급과 피지배 계급으로 나뉘어 있었지요.

> **신분 제도**
> 태어난 출신이나 직업에 따라 귀천, 상하로 사람을 구분하는 제도

흔히 우리는 반만년(약 4,400년)의 역사를 가지고 있다고 하는데, 그 중 약 4,300년의 시간 동안 국민의 의견이 국가 정책에 반영된 적이 없었어요. 왕과 소수 지배 계급의 뜻에 따라 국가의 정책이 결정되었지요.

'세종 대왕처럼 백성을 생각한 임금님들도 계시잖아요?'라고 질문하는 친구들이 있다면, 쌤이 너무 예뻐서 안아 주고 싶네요. 그냥 책을 읽는 것이 아니라 생각하며 읽고 있다는 뜻이니까요.

그런데 백성을 우선으로 생각한 훌륭한 임금님들도, 백성이 나라의 주인이라 생각하지는 못했어요. 자신이 보살펴야 할 존재로 인식했지요. 백성의 뜻에 따라 나라를 운영한 것이 아니라, 백성을 아끼는 마음으로 자신의 정책을 펼친 거랍니다. 군주제 국가에서 국민들은 백성이라 불리며 나라의 주인이 아니라, 지배 계급에 복종해야 하는 피지배층으로 인식되었어요.

이후에는 어땠을까요? 1910년 치욕스런 경술국치로 주권을 일본에 빼앗긴 후 1945년 독립할 때까지 우리는 일본의 식민 지배를 받았습니다. 당연히 국가의 문제에 대해 국민들의 의견이 반영되지 않았죠. 이 시기에는 일본에 의해서 모든 것이 결정되었으니까요.

그럼 우리나라에 민주주의가 시작된 것은 언제일까요? 바로 1948년 대한민국 정부가 수립되면서부터입니다. 1948년 7월 17일 공포된 대한민국 헌법에 처음으로 우리나라가 민주주의 국가임이 명시되었거든요. 헌법에 의해 수립된 1948년 8월 15일 대한민국 정부가 우리 역사 최초의 민주주의 국가입니다. (대한민국 임시 정부 수립을 민주주의 시작으로 보는 견해도 있으나, 현재 초등학교 교과서는 1948년 8월 15일 대한민국 정부를 최초라고 규정하고 있음.)

하지만 민주주의가 시작되었다고 해서 바로 정착된 것은 아니었어요. 수많은 시행착오를 겪었고 그때마다 민주주의를 지켜 내기 위한 수많은

4.19 혁명 이승만 정권의 부정부패와 독재, 3.15 부정 선거로 학생과 시민들이 일으킨 반독재 민주화 운동.

5.18 민주화 운동 전두환 정권의 군부 독재에 반대하여 광주광역시와 전라남도의 시민들이 벌인 민주화 운동.

6월 민주 항쟁 전두환 정권의 독재 및 권력 유지를 반대하고 대통령 직선제를 요구한 전 국민적인 민주화 운동.

2017년 촛불 시위 정부의 권력 남용과 부패가 밝혀지자 시민들이 광화문 광장에서 대통령 탄핵을 요구하였다.

사람들의 희생과 노력이 있었답니다.

대한민국 정부가 수립된 이후에도 많은 대통령들이 자신들의 권력을 유지하려고 국민들의 의견을 무시하고 총칼을 앞세워 억압했어요. 하지만 그때마다 대한민국 국민들은 민주주의를 실현하기 위하여 자신들의 목숨을 희생하였답니다. 4.19 혁명, 5.18 민주화 운동, 6월 민주 항쟁이 대표적인 민주화 운동(민주주의의 지켜내기 위한 노력)이에요. 최근 행해진 촛불 집회도 민주주의를 실천하기 위한 국민들의 노력이었고요.

지금까지 우리나라의 민주주의 발전 과정을 살펴봤어요. 어때요? 아직도 민주주의가 당연하다는 생각이 드나요? 민주주의는 오랜 역사를 통해 정말 힘들게 얻은 사회 정의입니다. 힘들게 얻은 만큼, 잘 지켜 낼 수 있도록 우리 친구들이 노력해 주면 좋겠네요.

민주주의를 설명하면서 쌤은 대한민국을 예로 들었어요. 하지만 민주주의가 꼭 국가에만 해당되는 건 아니에요. 한 사회에서 문제가 발생했을 때, 사회 구성원의 의견을 반영해서 문제를 해결하는 것이 민주주의라고 했지요? 여기서 사회는 국가가 될 수도 있고, 지역 사회가 될 수도 있고, 학교가 될 수도 있고, 가정이 될 수도 있어요. 대한민국의 문제는 대한민국 국민의 의견을 반영해서, 지역 사회의 문제는 지역 주민의 의견을 반영해서, 학교의 문제는 교사와 학생의 의견을 반영해서, 가정의 문제는 가족의 의견을 반영해서 해결하는 것이 모두 민주주의에 해당한답니다.

민주주의는 넓은 의미의 민주주의와 좁은 의미의 민주주의로 구분할 수 있어요. 넓은 의미로는 일상생활(가정이나 학교)의 민주주의를 모두 포함해요. 좁은 의미로는 지역과 국가에서 실행되는 민주주의를 의미합니다. 초등학교 교과서는 주로 좁은 의미의 민주주의를 다룹니다. 그래서 쌤도 좁은 의미의 민주주의를 주로 이야기하려고 합니다.

정치란

이제 정치에 대해 정리해 볼까요? 가끔 민주주의와 정치를 헷갈리는 친구들이 있어요. 민주주의의 개념을 정확히 이해한다면, 정치와 민주주의를 구분하는 건 어렵지 않아요.

정치가 무엇일까요? **사람들 사이에서 발생하는 갈등이나 다툼을 조**

정하고, 공동의 문제를 해결하는 과정을 이야기합니다. 방금 전 민주주의를 설명하면서 이야기한 '사회에서 발생하는 문제', 바로 그 문제들을 해결하는 게 정치예요.

사회에서 문제가 발생한다는 건, 어떤 사실에 대해 사람들의 의견이 다르거나 갈등이 발생했다는 것이고, 그건 여러 사람들에게 영향을 미치는 공동의 문제가 됩니다. 그러한 문제를 해결하는 과정을 정치라고 불러요. 문제를 해결하는 방법은 다양하겠지요? 우리가

정치와 민주주의

여러분이 공부할 때 정말 많이 헷갈리는 게 정치와 민주주의의 구분이에요. 상당히 비슷한 의미를 담고 있기 때문에, 무작정 외우려고 하면 헷갈리고 학교 시험에 출제되면 많이 틀리는 부분이죠. 교과서에 나온 개념을 정리해 볼게요.

정치 vs 민주주의

사람들 사이에서 발생하는 갈등이나 다툼을 조정하고 공동의 문제를 해결하는 과정

한 사회에서 문제가 발생했을 때 사회 구성원들의 의견을 반영하여 문제를 해결하는 것

어때요? 상당히 흡사하죠? 그렇기 때문에 의미를 정확히 파악하지 못한다면, 이 두 가지를 혼동할 수밖에 없어요. 정치와 민주주의의 개념을 명확히 정립해야 합니다. 알겠죠?

앞에서 살펴봤듯이, 군주제 국가에서는 왕의 선택에 따라 문제가 해결될 것이고 민주주의 국가에서는 국민의 의견에 따라 문제가 해결되겠지요. 정치가 공동의 문제를 해결하는 과정이라면, 민주주의는 문제를 해결하는 방법 즉, 정치의 다양한 형태 가운데 하나라고 보면 됩니다.

민주주의의 기본 원리

그럼 민주주의의 기본 원리를 살펴볼게요. 민주주의의 기본 원리는

민주주의가 실현되기 위해 반드시 보장되어야 하는 필수 조건이라고 생각하면 돼요. 학자들마다 견해의 차이는 있지만, 일반적으로 국민 주권의 원리, 국민 자치의 원리, 권력 분립의 원리, 입헌주의의 원리, 다수결의 원리 이 다섯 가지를 민주주의의 기본 원리로 규정합니다.

국민 주권의 원리는 국가의 최고 권력인 주권이 국민에게 있다는 뜻이에요. 즉, 나라의 주인이 국민이란 뜻이지요. 우리나라 헌법에도 "대한민국의 주권은 국민에게 있고, 모든 권력은 국민으로부터 나온다"라고 규정하고 있어요.

국민 자치의 원리는 국민이 스스로 나라를 다스리는 정치를 뜻합니다. 누군가의 지배를 받는 것이 아니라, 국가의 정책 결정 과정에 자신들의 의견을 반영한다는 거예요. 국민 자치는 국민들이 국가의 정책 결정 과정에 직접 참여하는 직접 민주 정치와, 대표를 뽑아 그들로 하여금 정책을 결정하게 하는 간접 민주 정치('대의 정치'라고 불러요) 방식으로 나눌 수 있습니다. 오늘날에는 거의 대부분의 국가에서 대의 정치를 실시하고 있지요.

직접 민주 정치는 국민들이 직접 정치 과정에 참여하기 때문에 국민들의 정확한 의견이 반영된다는 장점이 있습니다. 하지만 인구가 많고 영토가 넓은 지역에서는 실현되기 힘들다는 단점이 있지요. 또한 오늘날에는 과거와 달리 해결해야 하는 문제의 수가 너무나 많아졌습니다. 국민들이 생업을 뒤로하고 매일 정치에 참여하는 것은 불가능하겠지요.

직접 민주 정치는 고대 그리스 아테네와 오늘날 스위스의 일부 지역에서만 나타난답니다.

간접 민주 정치 방식은 직접 민주 정치에 비해 국민들의 정확한 의견이 정치 과정에 반영되지 못한다는 단점이 있어요. 선거를 통해 대표로 선출된 사람(우리나라의 경우에는 국회 의원과 대통령)이 정치에 참여하기 때문에, 그 사람이 국민의 뜻과 다른 선택을 할 수도 있는 거지요. 하지만 계속해서 대표를 하고 싶다면, 국민들의 의견에 귀를 기울여야 하겠지요? 국민의 뜻을 무시하고 자신의 뜻대로 한다면, 국민들은 다음 선거에서 그 사람을 대표로 뽑지 않을 테니까요. 그래서 선거가 중요한 거랍니다. 국민의 뜻을 무시한 사람이 다음 선거에서 다시 당선된다면, 국민의 의견에 귀를 기울이는 대표는 점점 사라질 테니까요.

권력 분립의 원리는 국가 권력을 한 사람이나 하나의 기관에 독점시키는 것이 아니라 여러 사람 혹은 여러 기관에 분산해야 한다는 것을 의미해요. 여러분이 학교에서 공부할 때는 간혹 권력 분립을 삼권 분립으로 배우기도 해요. 우리나라가 권력을 입법부(국회), 사법부(법원), 행정부(정부) 이렇게 세 개의 기관으로 나누었기 때문이죠. 삼권 분립이라는 표현도 알아 두어야 하지만, 정확한 민주주의의 기본 원리는 삼권 분립이 아니라 권력 분립입니다. 국가 권력을 넷으로 나눈 나라도 있고, 다섯으로 나눈 나라도 있거든요. 나라마다 그 나라의 특성에 맞게 나누었다고 생각하면 돼요. 국가 권력을 셋으로 나눈 것보다, 국가 권력이 독점되지 않도록 하는 게 중요한 거랍니다.

균형을 위한 삼권분립

우리나라의 삼권 분립에 대해 조금 더 살펴볼게요. 우리나라는 국가 권력을 입법부, 사법부, 행정부로 구분하는데 그 기준이 '법'과 관련되어 있답니다. 법은 국가의 구성원과 단체들이 반드시 지켜야 하는 강제성을 지닌 규칙입니다. 위반하는 경우 처벌받을 수도 있고요.

입법부(국회)는 이러한 법을 제정하는 기관입니다. 국회에서 국민들의 생활을 제약하는 법을 만들 수 있는 이유는 국민이 국회 의원을 선출하기 때문이에요. 법을 제정할 때 법에 대한 찬반 투표권을 국민들이 국회 의원에게 위임한 거죠.

법을 적용하는 기관은 사법부(법원)라고 합니다. 적용한다는 의미가 낯설겠군요. 어떤 다툼이나 문제가 발생했을 때, 법을 적용해서 사건의 옳고 그름을 판단한다는 뜻이에요. 공정한 재판을 통해 시시비비를 가린다는 뜻입니다.

마지막으로 행정부가 남았네요. 행정부는 법을 집행하는 기관입니다. 어떤 법률이 만들어지면 그 법에 따라 정책을 집행한다는 뜻입니다. 예를 들어, 무상급식과 관련된 법이 제정되었다면, 무상급식을 실제로 집행하는 기관이 정부라는 뜻이에요. 그리고 정부의 대표가 바로 대통령이랍니다.

정책의 결정과 집행 과정에 대해서는 다음 시간에 좀 더 자세히 수업할게요.

입법부(국회) : 법을 만드는 기관
사법부(법원) : 법을 적용하는 기관
행정부(정부) : 법을 집행하는 기관

==입헌주의의 원리==는 헌법에 의한 정치를 뜻합니다. 법치주의와 입헌주의를 혼동하는 친구들이 있을 거예요. 법치주의는 법에 의한 지배를 뜻하고, 입헌주의는 헌법에 의한 지배라고 생각하면 돼요. 법은 국회에서 만들어지지만, 헌법은 국민들이 직접 투표를 통해서 결정합니다.

　헌법을 제정하거나 개정할 때는 국민 투표를 통해서 결정해요. 대한민국의 헌법을 개정하기 위해서는 투표권자(투표에 참여할 수 있는 사람) 과반수의 찬성이 필요하답니다. 법은 국민이 뽑은 국회 의원들에 의해서 만들어지기 때문에 국민의 의사를 간접적으로 반영합니다. 그에 비해 헌법은 국민 투표를 통해 국민의 의견을 직접적으로 반영하지요. 그래서 국가의 모든 정치 과정에 있어서 헌법을 따라야 한다는 것이 입헌주의의 원리랍니다. 국회에서 제정된 법률은 헌법을 위배(위반과 같은 뜻)할 수 없고, 법원도 헌법에 따라야 하며, 대통령도 헌법을 어길 수 없어요.

　마지막인 다섯 번째는 ==다수결의 원리==입니다. 민주주의는 국민의 의견을 반영하여 문제를 해결하는 것이라고 했습니다. 하지만 문제를 해결하는 방법에 있어서 국민들의 의견이 항상 일치되는 것은 아니에요. 사람마다 자신의 상황이나 가치관에 따라 다른 선택을 할 수 있어요. 이를테면 다른 나라와 FTA(자유 무역 협정)를 체결하는 것에 대해 찬성하는 사람도 있고, 반대하는 사람도 있는 거지요. 무상 급식에 대해서도 찬성하는 사람과 반대하는 사람으로 의견이 나뉘는 것처럼 말이에요. 이렇듯 국민들의 의견이 하나로 모이지 않을 때는 더 많은 사람이 원하는 것을 정책에 반영한다는 것이 다수결의 원리입니다. 권력을 가진 사람, 돈이 많은 사람, 학력이 높은 사람이 정책을 결정하는 것이 아니라 더 많은 국민이 원하는 것을 선택한다는 뜻이에요. 물론 다수결의 원리에서 소수 의견을 존중하는 자세도 반드시 필요합니다.

오늘은 민주주의에 대해 살펴봤어요. 정치 영역은 환경이나 경제보다 훨씬 더 많은 생각과 고민이 필요하답니다.
남은 부분도 함께 힘내 보자고요!

정치 — 사람들 사이에서 발생하는 갈등이나 다툼을 조정하고 공동의 문제를 해결하는 과정

정치 형태 (방법)

- **군주제** : 국가의 문제를 주권자인 왕의 선택에 따라 해결하는 제도
- **민주주의** : 사회에서 문제가 발생했을 때 사회 구성원의 의견을 반영하여 해결하는 것
  - 넓은 의미의 민주주의 : 가정, 학교 등 일상생활까지 포함
  - 좁은 의미의 민주주의 : 지역 사회와 국가에만 해당

민주주의의 기본 원리
1. 국민 주권의 원리   2. 국민 자치의 원리   3. 입헌주의의 원리
4. 권력 분립의 원리   5. 다수결의 원리

11교시

사람이 사람답게 사는 데 필요한 것들

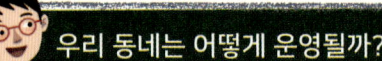

우리 동네는 어떻게 운영될까?

민주주의의 이념과 국민의 권리

지난 수업에서 민주주의의 의미와 기본 원리를 살펴봤어요. 민주주의가 무엇인지 어렴풋이 의미가 정리되나요? 정치 영역은 정확한 개념을 정리하는 게 정말 중요하답니다.

오늘은 민주주의가 추구하는 이념과 국민의 권리라는 주제로 수업해 보도록 하겠습니다.

민주주의의 근본이념

민주주의의 이념은 무엇일까요? '이념'이란 말이 생소하게 느껴진다면 '추구하는 가치', '이루고자 하는 목표'라고 생각하면 훨씬 쉬울 거예요. 사람들(소수의 권력자를 말하는 것이 아니라 절대 다수를 차지하는 '일반 국민'을 뜻함)이 얻고자 한 것, 사람들이 바라던 것을 이념이라고 합니다. 그렇다면 민주주의 이념이란 사람들이 민주주의를 통해서 얻으려고 한 어떤 것이겠지요?

지난 수업에서 우리나라의 민주주의 발전 과정에 대해 공부했어요.

1948년 대한민국 정부가 수립되면서 민주주의가 처음 등장했고, 이후 4.19 혁명, 5.18 민주화 운동, 6월 민주 항쟁 등을 거치면서 우리나라에 민주주의가 정착되었다고 했습니다. 그렇다면 사람들의 삶에는 어떤 변화가 생겼을까요? 이 부분을 생각해 보면, 민주주의의 이념에 대해서도 어렵지 않게 다가갈 수 있을 거예요.

고조선부터 조선까지 이어진 군주제 시절의 백성들, 일제의 식민 지배를 받았던 일제 강점기의 조선인들, 대한민국 정부 수립 이후 군사 독재 정권 시절의 국민들과 지금의 우리는 어떤 부분이 다를까요? 여러분이 생각해 봐요. 어떤 차이가 있는 것 같아요?

쌤이 생각했을 때는, 사람의 가치가 다른 것 같아요. 군주제의 백성들, 일제 강점기의 조선인들, 군사 독재 정권 시절의 국민들은 모두 인간으로 존중받지 못했다는 생각이 듭니다. 지배 계급을 형성했던 사람들의 눈에 이들은 단지 자신들의 지배를 받고 자신들에게 복종해야 하는 피지배 계급에 불과했던 거지요. 동등한 인간이라는 생각을 하지 못했던 겁니다.

민주주의는 바로 이런 문제점을 극복하려는 정치 형태예요. 민주주의가 뭐라고 했죠? 귀찮겠지만, 한 번 더 대답해 봅시다. '한 사회에서 문제가 발생했을 때, 그 사회 구성원의 의견을 반영하여 문제를 해결하는 정치 형태'라고 했어요. 힘(권력, 자본)을 가진 누군가가 결정하면 나머지는 그 결정에 복종하는 것이 아니라, 구성원 한 사람 한 사람이 모두 자신의 의사에 따라 결정할 수 있다는 것이죠. 개개인의 가치를 존중한다는 뜻이에요. 이걸 우리는 '인간의 존엄성을 존중한다'라고 표현합니다. 즉, ==민주주의의 근본이념은 인간의 존엄성을 존중하고 실현하는 것==이에요.

인간의 존엄성

조금 더 설명해 볼까요? 아까 민주주의가 꼭 국가에만 적용되는 건 아니라고 했지요? 넓은 의미의 민주주의도 있다고 했어요. 가정에서도 민주주의가 나타날 수 있다고 했습니다. 여러분이 오늘 저녁에 부모님과 외식을 한다고 칩시다. 무엇을 먹을까요? 고기를 먹을 수도 있고, 해산물을 먹을 수도 있고, 뷔페에 갈 수도 있겠죠? 이외에도 다양한 메뉴들이 있을 거예요. 그럼 여러분 가족은 외식할 때 메뉴를 어떻게 결정하나요?

1. 아빠나 엄마 혹은 여러분 중 한 사람의 의견을 따른다.
2. 가족들이 모여서 함께 의논하고 결정한다.

몇 번을 골랐나요? 1번과 2번 중 어느 것이 민주주의에 부합하는 방식인 것 같아요? 당연히 2번이겠죠. 혹시 '우리 집은 1번인데요?', '우리 집에서는 무조건 제가 결정하는데요?' 이렇게 말하는 친구들이 있나요? 그렇다면 부모님을 전혀 존중하지 않거나, 부모님이 무조건 여러분의 의견을 들어야 한다고 생각하는 것은 아닌지 반성해야 합니다. 부모님을 여러분과 동등한 존재가 아닌, 자신의 선택을 따라야 하는 피지배 계급으로 바라보는 거지요.

지금 당황해서 얼굴 표정이 변하는 친구들이 있네요. 미안해요, 농담이랍니다. 만약에 부모님이 여러분에게 항상 결정을 양보했다면, 아마도 부모님이 여러분을 사랑하는 마음에서 그렇게 했을 거예요. 대신에 다음에 무엇인가를 선택해야 할 때가 온다면, 부모님께 한번 양보해 보세요. 부모님께서 '이번 주말에 등산 갈까?'라고 묻는다면, 여러분이 좋아하는 놀이동산만 고집하지 말고 함께 가 보는 건 어떨까요?

다시 1번의 경우로 돌아가 봅시다. 가정에서 발생하는 다양한 선택의 문제를 항상 아빠나 엄마 한 사람의 마음대로 결정하고 있다고 해 볼게요. 예를 들어 여행을 가거나 외식을 할 때 엄마나 여러분 의견은 완전히 무시하고 모든 것을 아빠 마음대로 결정하고 있다면, 아빠가 아닌 다른 구성원들이 존중받고 있다고 말할 수 있을까요? 당연히 그렇지 않을 거예요. 같이 의논해서 결정해야 '민주주의'라고 할 수 있어요.

민주주의는 구성원들의 의견을 존중하여 인간 존엄성을 보장하고 실현하려는 목표를 갖습니다. 그것이 바로 민주주의의 이념이에요.

자유와 평등

인간의 존엄성과 관련해서 하나만 더 이야기할게요. 인간의 존엄성을 실현하기 위해서는 구성원들의 '자유'와 '평등'이 보장되어야 해요. 자유는 무조건 자기 마음대로 할 수 있다

는 뜻이 아니에요. 타인에게 피해를 주지 않는 범위 내에서 자신의 의사에 따라 행동할 수 있다는 뜻입니다.

평등도 무조건 모두 똑같은 대우를 하라는 건 아닙니다. 경제 영역에서 공부했듯이 능력과 노력의 차이에 따라 정당한 대우를 하는 것을 말해요. 결과의 평등이 아니라 기회의 평등을 이야기하는 거예요. 평등은 똑같은 대우를 하는 것이 아니라 차별하지 않는 것임을 알아야 해요. 민주주의의 근본이념인 인간의 존엄성을 보장하기 위해서는 구성원들에게 자유와 평등이 전제되어야 한다는 사실을 기억해 둡시다.

국민의 권리

이제 오늘 수업의 두 번째 주제인 국민의 권리에 대해 이야기 나눠 볼까요? 우선 권리의 개념부터 정리할게요. 권리는 특별한 이익을 누릴 수 있는 법률상의 힘을 뜻해요. 다른 사람이나 단체로부터 침해받지 않고 자신이 원하는 것을 실현시킬 수 있는 힘을 권리라고 부른답니다. 사람들이 흔히 말하는 '이건 나의 권리야'라는 말은 '이건 내가 할 수 있는 행동이야', '이건 내가 해도 되는 거야'라는 의미를 담고 있어요.

그렇다면 국민의 권리는 무엇일까요? 바로 국민들이 누릴 수 있는 특별한 이익을 뜻해요. 대한민국 헌법에는 국민의 권리로 행복 추구권, 자유권, 평등권, 사회권, 참정권, 청구권을 규정하고 있답니다.

헌법에서는 "모든 국민은 인간으로서 존엄과 가치를 가지며, 행복을 추구할 권리를 가진다. 국가는 개인이 가지는 불가침의 기본적 인권을 확인하고 이를 보장할 의무를 진다"라고 규정하여 국민의 행복 추구권이 인간이 갖는 근본적인 권리임을 확인하였습니다. 또한 국가 권력의 간섭을 받지 않고 자유롭게 생활할 수 있는 자유권, 성별·종교 또는 사회적 신분에 의하여 정치적·경제적·사회적·문화적 생활의 모든 영역에 있어서 차별을 받지 않는 평등권, 최소한의 인간다운 생활을 보장받을 수 있는 사회권, 국민이 국가의 정치 과정에 참여할 수 있는 참정권, 국가에 대해 일정한 행위를 요구할 수 있는 청구권이 헌법에서 보장하는 대한민국 국민들의 권리입니다. 이러한 국민의 권리를 '기본권'이라 불러요.

기본권을 공부할 때 반드시 알아야 하는 내용이 있습니다. 국민의 기본권이 무제한으로 보장되는 권리는 아니라는 거죠.

대한민국 헌법에도 "국민의 모든 자유와 권리는 국가 안전 보장, 질서 유지 또는 공공복리를 위하여 필요한 경우에 한하여 법률로써 제한할 수 있으며, 제한하는 경우에도 자유와 권리의 본질적인 내용을 침해할 수는 없다"라고 규정하고 있습니다.

국가 안전 보장, 질서 유지, 공공복리의 경우에는 법

률로 최소한의 제한을 할 수 있다는 것을 기억해 두세요.

국민의 5대 의무

지금까지 국민의 권리에 대해 수업했는데, 권리 하면 의무를 빼놓을 수 없겠지요? 국민의 의무도 간단히 정리해 봅시다.

예전에는 '국민의 4대 의무'로 공부했어요. 그런데 지금은 '국방의 의무, 교육의 의무, 근로의 의무, 납세의 의무, 환경 보전의 의무' 이렇게 다섯 가지입니다. 하나 더 늘었네요. 권리와 의무는 학교 시험에 빈번하게 출제되는 내용이니까 놓치지 말자고요!

---

1. 민주주의의 근본이념
인간의 존엄성을 존중하고 실현하는 것 (자유와 평등 보장)

- **자유**: 타인에게 피해를 주지 않는 범위에서 자신의 의사에 따라 행동할 수 있는 것
- **평등**: 결과의 평등이 아닌 기회의 평등. 절대적 평등을 의미하지 않음

2. 국민의 권리
특별한 이익을 누릴 수 있는 법률상의 힘
(다른 사람이나 단체로부터 침해받지 않고 자신이 원하는 것을 실현시킬 수 있는 힘)

행복추구권 자유권 평등권 사회권 참정권 청구권 (절대적 보장은 아님)

국가 안전 보장, 질서 유지, 공공복리의 경우에 법률로써 최소한의 제한 가능

인권과 기본권

기본권을 공부할 때 누구나 어려워하는 부분이 있어요. 인권과 기본권이 헷갈리기 때문이죠. 겉으로 보면 완전히 똑같은데 어떤 경우에는 인권이 되고 또 다른 경우에는 기본권이 되니까 시험 문제를 풀 때도 인권인지 기본권인지 판단을 못하는 경우가 많아요. 하지만 인권과 기본권의 개념만 정확히 잡으면, 어렵지 않게 구분할 수 있답니다.

인권은 사람으로서 당연히 누려야 할 인간답게 살 권리를 뜻합니다. 자유롭게 살 권리, 차별받지 않을 권리, 최소한의 인간다운 삶을 살 권리, 자신의 의사를 정치 과정에 반영할 권리, 국가에 일정한 행위를 요청할 권리가 인권이라고 보면 돼요. '헉! 쌤, 조금 이상한 것 같아요' 하는 친구들이 있겠죠? 이상한 게 정상입니다. 우리가 앞에서 살펴본 기본권과 똑같잖아요? 우리나라는 인권과 기본권이 거의 일치합니다. 그렇기 때문에 인권과 기본권을 구분하기 어려운 거예요.

인권은 인간으로서 누려야 할 당연한 권리라고 했어요. 기본권은 헌법에서 보장하는 국민의 권리라고 했고요. 어떤 점이 다른가요? 대한민국의 헌법은 전 세계적으로 매우 뛰어난 편이에요. 인간이 보장받아야 할 권리인 인권을 거의 대부분 담고 있다고 생각하면 됩니다. 그런데 다른 나라의 헌법들은 우리의 헌법과 달리 인권과 기본권이 일치하지 않아요. 상당히 많은 부분이 빠져 있답니다. 다른 나라의 경우, 당연히 보장받아야 하는 사람들의 권리가 헌법에 빠져 있기 때문에 기본권만으로는 충분히 보호받지 못하는 거예요. 그런 경우에 그들의 권리를 보호하기 위해서 인권의 개념이 등장하는 겁니다. 헌법에서 보장하는 기본권은 아니지만, 인간으로 태어나면 당연히 누리게 되는 권리(인권)인 거죠. 때문에 다른 사람, 단체, 국가기관으로부터 침해받지 않고 보호받을 수 있는 것이고요.

우리나라는 인권에 해당하는 거의 모든 권리가 기본권에 포함돼요. 그래서 인권과 기본권의 내용만 각기 암기하다 보면, 서로 구분이 안 가는 것이지요. 이제 여러분에게는 어렵지 않지요?

풀뿌리가 모여서 나무가 되고 숲이 된다

선거를 왜 하나요?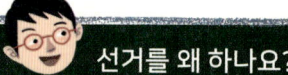
지방 자치 제도의 의미와 운영 과정

수업을 시작하기 전에 걱정이 되네요. 초등학교 교과 과정에서 공부하는 내용 중 어려운 것을 하나 고르라고 한다면, 쌤은 망설임 없이 오늘 공부하는 내용을 꼽을 것 같아요. 지방 자치 제도는 매우 복잡하고 어려운 주제니까, 평소보다 더 정신 차리고 집중해서 공부하면 좋겠어요. 쌤이 특별히 부탁할게요.

지방 자치 제도

지방 자치 제도는 '풀뿌리 민주주의'라는 별명이 있습니다. '민주주의'라는 숲을 형성하는 가장 작은 시작점이라는 의미예요. 대한민국의 민주주의가 정착되기 위해서는 대한민국을 구성하는 작은 지역 사회의 민주주의가 선행되어야 한다는 뜻이랍니다.

> **지방 자치 제도**
> 지역에서 문제가 발생했을 때 지역 주민과 주민들이 선출한 대표가 스스로 지역의 문제를 해결하는 풀뿌리 민주주의

177쪽 그림을 보면 쉽게 이해할 수 있어요. 서울특별시나 부산광역시

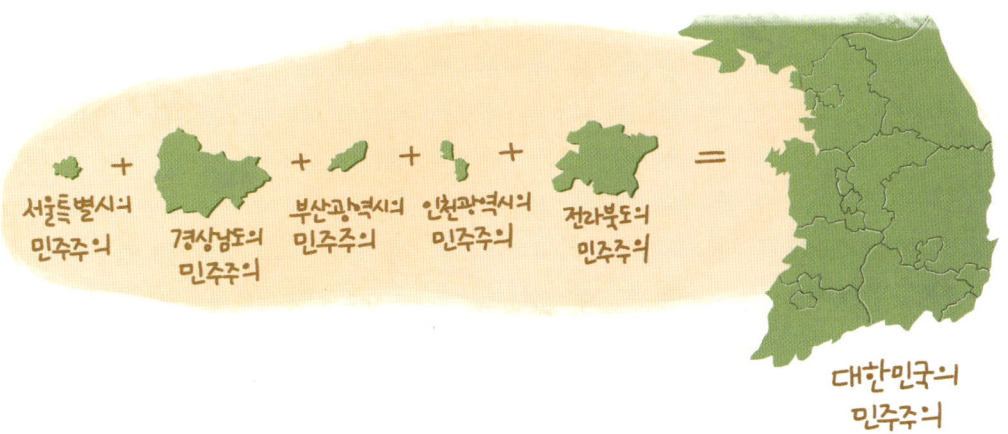

처럼 대한민국에 속한 지역 사회들에 민주주의가 정착된다면 대한민국의 민주주의도 정착될 테니까요.

교과서에서는 지방 자치 제도를 '지역의 문제가 발생했을 때, 지역 주민들과 주민들이 선출한 대표가 스스로 그 지역의 문제를 해결하는 것'이라고 서술하고 있어요. 문장만 보면 상당히 헷갈리는 내용이지요? 그래도 여러분은 어렵지 않게 이해했을 것 같은데, 어떤가요? 문장의 뜻을 이해했다고요? 오, 정말 뿌듯하네요. 여러분도 뿌듯하지 않나요? 며칠 전만 하더라도 이 책에 나오는 용어를 읽으면, 읽어도 개념을 이해하기 어려웠잖아요. 정말 많이 발전했군요.

지방 자치 제도는 민주주의의 작은 단위라고 생각하면 돼요. 민주주의에서 언급했던 '사회'가 여기서는 지역 사회를 뜻한다고 보면 되는 거예요. 우리가 살고 있는 지역에서 문제가 발생하면, 지역 주민들의 의견을 반영해서 문제를 해결하는 거지요. 지역의 범위가 넓어지고 주민들의 수가 늘어나면서, 주민들이 해결해야 할 지역의 문제가 예전과는 비교할 수 없을 정도로 많아졌어요. 주민들이 직접 모여 문제를 해결하는 것도 현실적으로 힘들어졌고요. 그래서 대표를 뽑아 그들로 하여금 주민들의 의견을 반영하여 문제를 해결하도록 하는 거랍니다.

지방 자치 단체

지방 자치 단체는 지역 주민들에 의해 선출된 대표들이 지역의 문제를 해결해 나가는 곳을 말해요. 민주주의를 실현하기 위해 권력

> **지방 자치 단체**
> 지역 주민들에 의해 선출된 대표들이 지역의 문제를 해결해 나가는 곳

분립의 원리가 필요하다고 했던 거 기억하나요? 국가의 권력을 한 개인이나 기관에 집중시키면 국민들의 자유와 권리가 침해받을 가능성이 높다고 했어요. 그렇기 때문에 국가의 권력을 나눠야 하는데 우리나라는 입법부에 해당하는 국회, 사법부에 해당하는 법원, 행정부에 해당하는 정부로 나눠져 있다고 했습니다.

그럼 쌤이 질문 하나 할게요. 국회, 법원, 정부 중에서 선거를 통해 국민의 대표로 뽑힌 사람이 있는 곳은 어디일까요?

두 곳이 있어요. 바로 국회와 정부입니다. 앞에서 이야기했듯이 국회의 구성원인 국회 의원은 모두 선거를 통해서 선출됩니다. 정부를 대표하는 대통령도 국민의 선거에 의해 선출되지요. 그러나 실제로 다양한 정부의 정책을 계획하고 집행해야 하는 사람들의 경우에는 전문성이 필요하기 때문에 선거가 아닌 별도의 시험을 통해서 뽑습니다. 시험에 합격한 사람들을 우리는 공무원이라고 부르지요. 정부의 구성원들은 시험을 통해 뽑지만 그들을 대표하는 대통령은 국민이 선택합니다. 법원은

재판이라는 중요한 업무를 담당합니다. 때문에 상당한 전문성을 필요로 하여 선거가 아닌 별도의 과정을 거쳐 법관을 뽑습니다(우리나라는 로스쿨 제도를 운영하고 있어요). 이렇게 국회와 정부는 국민에 의해 선출된 대표가 운영하는 국가 기관이 됩니다.

지방 자치 단체도 똑같은 원리라고 보면 돼요. 범위만 작아지는 것이랍니다. 지방 자치 단체는 지역 사회에서 국회의 역할을 담당하는 지방 의회, 정부의 역할을 담당하는 지방 정부로 구성되어 있어요. 또한 지방 자치 단체는 규모에 따라서도 구분하는데 범위가 넓은 광역 지방 자치 단체와, 범위가 좁은 기초 지방 자치 단체로 구분됩니다.

규모 \ 할일	지방 의회	지방 정부
광역 자치 단체	A	B
기초 자치 단체 (시, 군, 구)	C	D

주민들은 저마다 자신의 지역 대표로 A, B, C, D에 해당하는 한 사람씩 총 4명을 선출합니다.

학교에서 이 부분에 관한 내용을 배우거나, 문제를 풀 때 이해가 되지 않는다면 이런 방법을 써 보세요. 주소를 떠올리는 거예요. 그러면 쉽게 답을 찾을 수 있어요. 여러분 집 주소에서 가장 앞부분이 광역에 해당하고, 그다음이 기초에 해당하거든요. 그래도 모르겠다고요?

쌤의 주소인 '경기도 양주시 화합로 ○○번길'로 살펴볼게요. 경기도가 광역에 해당하고, 양주시가 기초에 해당하지요. 쌤은 지방 선거를 할 때 쌤 지역의 대표로 경기도 의회 의원(광역 지방 의회 의원), 경기도지사 (광역 지방 정부의 대표), 양주시 의회 의원(기초 지방 의회 의원), 양주 시장(기초 지방 정부의 대표) 4명을 뽑습니다.

여러분도 여러분이 살고 있는 지역의 대표 네 사람을 떠올려 봅시다. 만약 모르고 있다면 이번 기회에 부모님께 꼭 물어보세요. 민주주의에 한 걸음 더 다가서는 길이랍니다. 또 학교 시험에 빈번하게 출제되는 문제이기도 하고요!

지역의 문제 해결 과정

이제 지역의 문제가 해결되는 과정을 살펴보도록 할게요. 위의 표나 오른쪽에 있는 그림을 보면서 책을 읽으면 이해가 쉬울 거예요.

지방 자치 단체가 규모에 따라 기초와 광역으로 구분된다고 했지요? 그러면 지방 정부와 지방 의회를 구

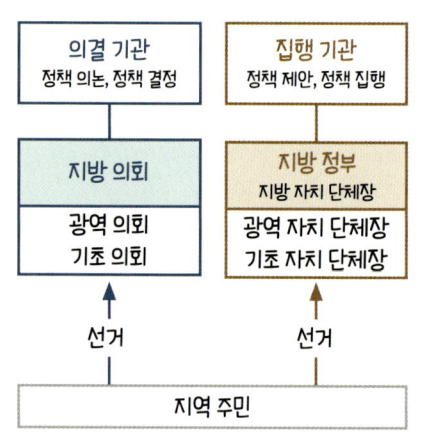

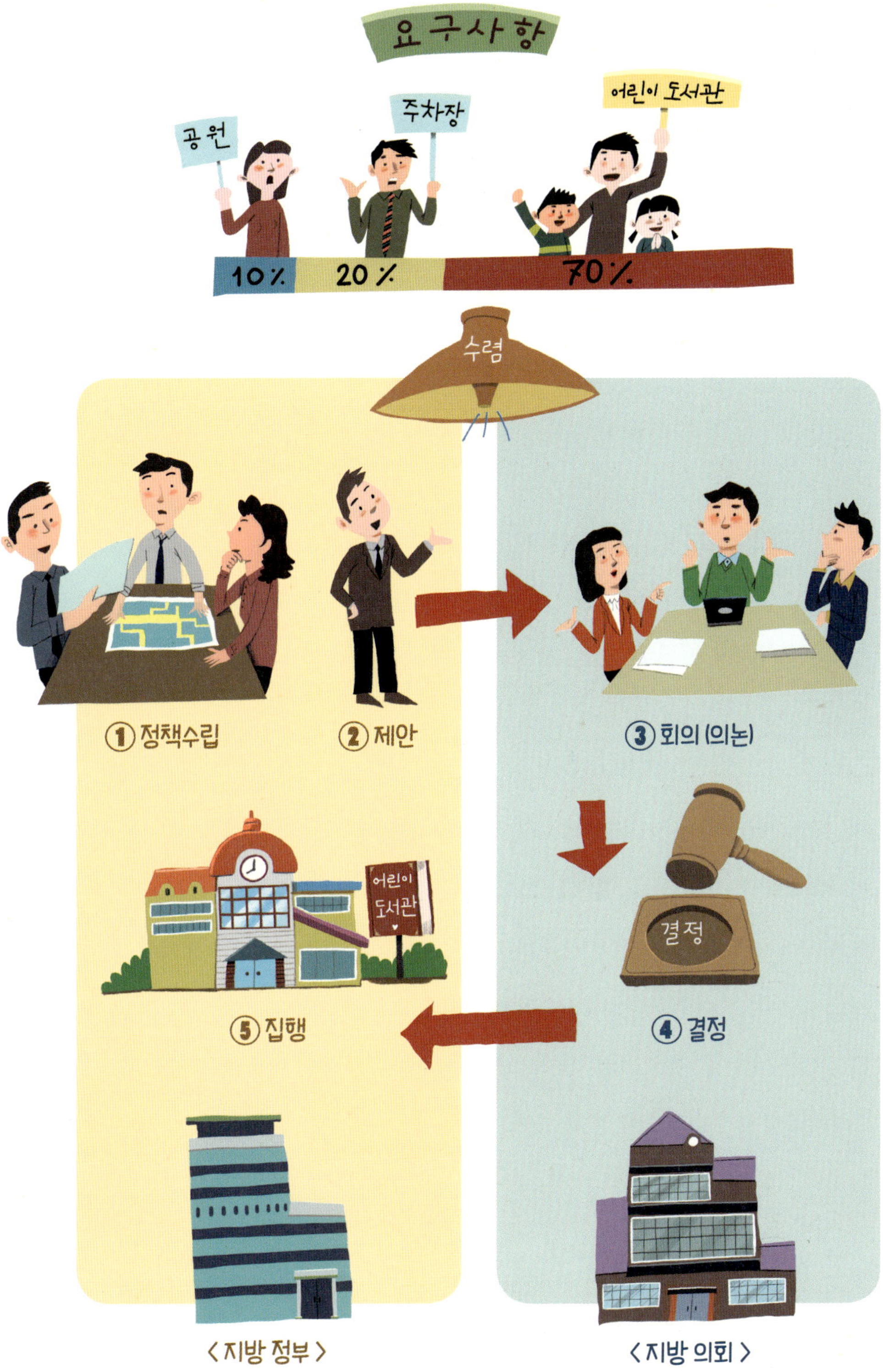

요구사항
공원
주차장
어린이 도서관
10%
20%
70%
수렴
① 정책수립
② 제안
③ 회의 (의논)
결정
④ 결정
어린이 도서관
⑤ 집행
〈지방 정부〉
〈지방 의회〉

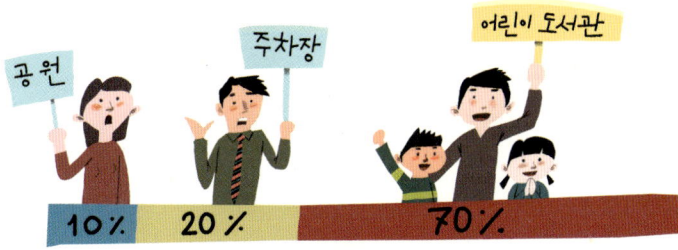

분하는 기준은 무엇일까요? 그건 역할입니다. 정책을 의논하고 결정하는 역할을 하면 지방 의회(의결 기관), 정책을 수립하고 집행하면 지방 정부(집행 기관)가 되는 거예요. 지방 의회와 지방 정부는 모두 주민들의 의견을 반영하여 지역의 문제를 해결하려고 노력합니다.

예를 들어 '○○시'라는 지역을 가정해 봅시다(○○시의 1년 예산은 100억 원, 고정적으로 사용되는 비용은 50억 원임. ○○시의 예산은 지역 주민들의 세금으로 충당함). ○○시에 거주하는 주민들은 저마다 다른 불편함을 느낄 거예요. 사람마다 자신의 입장이나 가치관에 따라 중요하게 생각하는 문제가 다르기 때문이지요.

주민 A는 ○○시에 주차장이 필요하다고 생각하고 주민 B는 어린이 도서관을 짓는 일이 중요한 문제라고 생각합니다. 또 다른 주민 C는 공원이 있어야 한다고 생각하고요.

지방 정부는 지역 주민들의 의견을 수렴하여 주민들의 요구 사항을 해결할 수 있는 다양한 정책을 수립합니다. 이 과정에서 정책을 집행하는 데 드는 비용까지도 함께 고려하지요. 비용은 시의 예산으로 충당하는데, 예산은 지역 주민들이 내는 세금으로 운영됩니다. 주차장을 건설하는 정책(비용 35억), 어린이 도서관을 건설하는 정책(비용 40억), 공원을 건설하는 정책(비용 30억)을 수립하지만 예산은 한정되어 있기 때문에 주민의 요구를 모두 해결해 줄 수는 없어요.

지방 정부는 주민의 요구를 해결해 줄 수 있는 다양한 정책을 수립하여 지방 의회에 제안합니다. 그러면 지방 의회는 어떤 정책을 집행하는 것이 지역 사회의 문제를 해결하는 데 가장 좋은지 의논하고 결정합니다. 이 과정에서 주민들의 의견을 수렴하는 거지요. 지역 주민들이 가장 원하는 것이 무엇인지를 판단하여 결정하는 겁니다. 만약 ○○시의 주민 대부분이 어린이 도서관을 원한다면, 지방 의회는 어린이 도서관을 건립하는 정책을 선택할 거예요. 지방 의회가 정책을 결정하면 지방 정부는 결정된 정책을 집행합니다. 어린이 도서관이 없어서 불편을 겪었던 ○○시 주민들의 문제가 해결되는 거예요.

지금까지 쌤과 함께 지방 자치 제도에 대해 공부했습니다. 국가 정책의 수립, 결정, 집행 과정도 똑같답니다. 지방 의회와 지방 정부가 각각 국회와 정부에 해당하고 지역 주민이 국민에 해당한다고 보면 돼요.

초등학교 저학년 과정에서 지방 자치 제도(지역의 문제 해결 과정)를, 고학년 과정에서 국가 정책의 수립과 결정, 집행 과정을 공부하게 됩니다. 여러분이 이 두 가지가 똑같은 원리로 작동한다는 것만 안다면, 더 이상 정치 영역에서 어려움을 겪지는 않을 거예요.

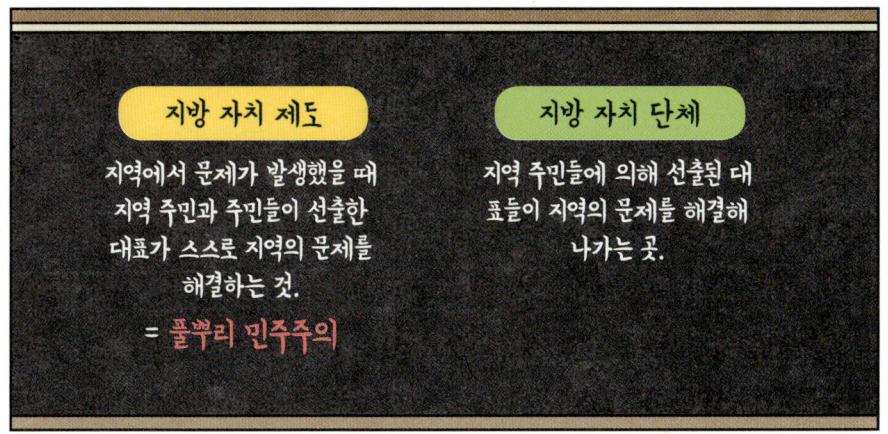

내 의견을 정확히 표현하는 소중한 한 표!

공정하고 투명한 선거

선거와 정치 참여의 중요성

우아, 벌써 마지막 수업입니다. 여기까지 잘 따라와 준 여러분에게 고마워요. 이제 다들 사회 과목에 자신감이 생겼나요?

그동안 여러분이 읽은 사회 책들은 배경지식의 양이 많고, 또 자세하게 설명하고 있을 거예요. 하지만 쌤은 교과서에서 다루는 내용들을 주제로 하면서도, 읽고 나면 암기하지 않아도 얼마든지 학교 시험에서 좋은 성적을 받을 수 있는 책을 쓰고 싶었어요.

여러분이 이 책을 읽고 내용을 충분히 이해했다면, 사회 공부가 무조건 외우는 것이라는 생각에서 벗어날 수 있을 거예요. 사회는 사람들의 삶의 모습을 관찰하고 생각하고 고민하는 거랍니다. 사회 공부의 목적이 단순한 성적 향상이 아니라, 세상을 올바르게 이끄는 것임을 깨닫고 실천하면 좋겠네요.

그럼 마지막 수업을 시작하겠습니다!

이번 시간에는 '선거'와 '정치 참여의 중요성'이라는 두 가지 주제로 이야기를 나눠 볼게요.

앞에서 민주주의와 지방 자치 제도를 공부하면서, 오늘날에는 직접 정치를 하는 것이 아니라 대표를 뽑아서 그들이 대신 정책을 수립하고 결정하고 집행하도록 한다고 했습니다. 사람들의 수가 아주 많아졌기 때문이지요.

그렇다면 대표는 어떻게 뽑는 것일까요? 벌써 대답하는 친구들이 보이는군요. 그렇습니다. '선거'를 통해서입니다. 우리는 선거로 대표를 뽑고 있어요. 여러분도 선거를 치루어 본 경험이 있을 거예요. 곰곰이 생각해 보세요. 우리가 학교나 학급에서 대표를 뽑을 때를 말이에요. '반장 선거' 혹은 '회장 선거'로 하고 있지 않나요?

선거는 사회 구성원들이 사회 문제를 해결할 대표를 뽑는 행위이기

선거와 투표

의외로 많은 사람들이 선거와 투표를 혼동합니다. '선거'는 대표를 뽑는 행위이고, '투표'는 자신의 의사를 표시하는 행위예요. 학급의 대표인 반장이나 회장을 뽑을 때 우리는 '반장 선거', '회장 선거'라고 말하지 '반장 투표', '회장 투표'라고 말하지 않아요. 하지만, 선거를 하는 과정에 있어서 사람들은 자신들의 의견을 나타내죠. 여러 명의 후보들 중에서 어떤 후보가 좋은 지에 대해 의견을 표시하잖아요. 투표용지에 자신이 지지하는 후보를 표시하거나 혹은 손을 들어 자신의 뜻을 나타내는데 이게 바로 투표랍니다. 사람들이 선거와 투표를 비슷한 것으로 착각하는 이유는 선거 과정에 투표가 포함되기 때문입니다. 예를 하나 더 들자면 가족들이 모여 여름휴가를 정할 때 '산, 바다, 워터파크 중 어디로 갈지 투표로 정하자'라고 하지, '선거로 정하자'라고 하지 않아요. 이제 선거와 투표를 확실히 구분할 수 있겠죠?

때문에 공정성이 매우 강조됩니다. 선거가 공정하게 이뤄져야 구성원들이 원하는 대표가 선출되겠지요. 구성원들이 원하는 사람이 아니라 원하지 않는 다른 사람이 대표로 선출된다면, 사회 문제는 해결되지 못할 거예요.

예를 들어, 지방 자치 단체장 선거에 후보로 나선 두 사람이 있다고 칩시다. 1번 후보는 자신이 당선되면 지역에 어린이 도서관을 짓겠다는 공약을 발표했고, 2번 후보는 자신이 당선되면 공무원들의 월급을 올리겠다는 공약을 발표했어요. 주민들은 모두 1번 후보를 원했지만, 공정한 선거가 치러지지 않아 2번 후보가 당선되었습니다. 어린이 도서관도 생기지 않았어요. 만일 선거가 공정하게 이뤄지지 않는다면, 이런 일이 발생할 수도 있는 거예요.

공정한 선거를 위한 노력

계속 이야기하고 있지만 공정한 선거는 굉장히 중요합니다. 이를 위한 노력에는 무엇이 있을까요? 우리나라는 공정한 선거를 위해 두 가지를 제도적으로 보장하고 있어요.

하나는 선거관리위원회(www.nec.go.kr)입니다. 선거관리위원회는 헌법으로부터 선거와 국민 투표의 공정한 관리 및 사무 처리에 관한 권한을 부여받은 독자적인 기관이에요. 선거와 관련된 내용은 누군가의 지시를 받는 것이 아니라 선거관리위원회 스스로 판단하여 결정합니다. 공정한 선거를 위해서 어떤 권력자나 기관으로부터도 벗어나 정치적 중립을 유지해야 한다는 뜻입니다.

　공정한 선거를 위한 두 번째 노력은 선거의 4원칙을 지키는 거예요. 선거의 4원칙은 이미 알고 있는 친구들이 많을 거랍니다. 일정한 나이가 되면 누구나 선거에 참여할 수 있는 보통 선거, 누구나 동등한 가치의 투표권을 행사하는 평등 선거, 자신이 직접 투표소에 가서 선거에 참여해야 하는 직접 선거, 누구에게 투표했는지 비밀로 해야 하는 비밀 선거입니다.

문제 1 부자는 선거에 참여할 수 있지만 가난한 사람은 선거에 참여할 수 없다면, 선거의 4원칙 중 어떤 원칙을 위반한 것일까요?

문제 2 대학을 나온 사람은 선거에 참여할 수 있지만 대학을 나오지 않은 사람은 선거에 참여할 수 없다면, 선거의 4원칙 중 어떤 원칙을 위반한 것일까요?

쌤이 수업 시간에 선거의 4원칙을 설명하면 언제나 학생들에게서 나오는 반응이 있어요. '이거 알아요!'입니다. 여러분은 어떤가요?

쌤이 낸 위의 문제 두 가지를 읽어 보세요. 정답을 찾는다면, 여러분이 선거의 4원칙을 완벽히 알고 있다고 인정하겠습니다.

어때요? 답을 찾았나요? 답을 선뜻 고르지 못하는 친구들이 있는데, 힌트를 주자면 1, 2번 모두 답이 같아요. 이제는 웃으면서 대답할 수 있겠지요? 정답은 보통 선거 위반입니다.

혹시 평등 선거라고 대답한 친구 있나요? 어쩌면 대부분 평등 선거라고 대답했을 것 같아요. 부자만 선거에 참여하고, 대학을 나온 사람만 선거에 참여한다는 것이 상당히 불평등하게 느껴지니까요. 만일 선거의 4원칙에 대한 정확한 의미를 파악하지 않고, 외우기만 했다면 지금과 같은 실수가 나오기 쉬워요.

보통 선거가 무엇이라고 했지요? 일정한 나이가 되면 누구나 선거권을 갖는 것이 보통 선거라고 했어요. 선거권 자체를 '갖느냐, 갖지 못하느냐의 문제가 보통 선거와 관련된 내용인 거지요. 위에서 풀어 본 두 문제는 모두 선거권 자체를 갖느냐, 갖지 못하느냐의 문제였어요. 가난한 사람에게는 선거권이 없거나, 대학을 나오지 못한 사람은 선거에 참여할 수 없는 것. 이건 바로 보통 선거 위반이랍니다.

그렇다면 평등 선거 위반은 어떤 경우일까요? 조금 전 문제와 비교해 볼게요.

'부자는 2표의 선거권을 갖고, 가난한 사람은 1표를 갖는다. 대학을 나온 사람은 2표의 선거권을 갖고, 대학을 나오지 않은 사람은 1표의 선거권을 갖는다.'

이게 평등 선거 위반이에요. 사람들이 지닌 선거권의 가치가 동등하지 않으니까요. 흔히 사람들이 이야기하는 '1인 1표'가 평등 선거를 나타내는 내용이랍니다. 만약 '1인 2표'가 모든 사람들에게 동등하게 적용된다면 어떨까요? 평등 선거 위반일까요? 아직도 헷갈리나요? 이 경우는 평등 선거 위반이 아니랍니다. 모든 사람들이 동등한 가치의 선거권을 가지고 있으니까요.

이제 보통 선거와 평등 선거를 구분할 수 있겠지요? 이 두 가지만 잘 기억하면 될 거예요. 왜냐하면 쌤이 그동안 수업하면서, 직접 선거와 비밀 선거를 구분하는 문제를 틀리는 친구는 본 적이 없거든요.

정치 참여의 중요성

지금까지 쌤과 함께 민주주의를 공부하면서 국민 주권, 국민 자치, 입헌주의, 권력 분립, 다수결의 원리가 민주주의를 실현하기 위한 전제 조건이라고 배웠습니다.

그런데 한 가지가 더 있어요. 바로 구성원들의 정치 참여입니다. 민주주의 사회에서 문제가 발생하면, 구성원들의 의견을 반영하여 해결해야 한다고 했습니다. 구성원들이 원하는 것을 선택하여 인간의 존엄성을 보장한다고 했어요. 그런데 만일 구성원들이 자신의 의사를 표시하지 않는다면 어떻게 될까요? 앞에서 살펴본 지방 자치 제도의 운영 과정을 떠올려 봅시다.

주차장, 어린이 도서관, 공원이 필요한 ○○시가 있었습니다. 지방 정부는 지역의 문제를 해결하기 위한 정책을 수립하고 집행한다고 했어요. 또 지방 의회는 지방 정부가 수립한 다양한 정책들을 의논하고 결정한다고 했습니다.

○○시 주민들의 대부분이 어린이 도서관을 필요로 했기 때문에, 지방 의회와 지방 정부는 주민들의 의견을 반영하여, ○○시에 어린이 도서관을 건립했습니다. 만약에 이 과정에서 주민들이 자신의 의견을 내보이지 않았다면 어떤 일이 생겼을까요?

예를 들어, ○○시 주민 중 70퍼센트는 어린이 도서관을 원하고, 20퍼센트는 주차장, 10퍼센트는 공원을 원합니다. 그런데 어린이 도서관이나 주차장을 원하는 주민들은 의견을 내지 않고 공원을 필요로 하는 주민들만 의견을 냈다고 해 봅시다. 지방 정부와 지방 의회는 주민들이 원하는 것은 공원이라고 생각하겠지요. 그리고 주민의 의견을 반영하여 지역의 문제를 해결하기 위해 공원을 건설하겠지요. 실제로 주민들이 원하는 것은 어린이 도서관이지만, 그것을 알 수 없는 지방 정부와 지방 의회는 공원을 선택하게 되는 겁니다. 이건 누구의 잘못일까요?

　정치 참여 수업을 하니까 쌤이 결혼 전에 아내와 크게 싸웠던 기억이 떠오르네요. 사귄 지 100일인가, 생일이었나 자세하게 기억나지는 않지만 선물 때문이었어요. 쌤은 지금의 아내인 여자친구에게 분명히 기념일 며칠 전에 물어봤어요. 무엇을 받고 싶은지 말이지요. 그때는 아무거나 괜찮다고, 알아서 사 달라고 대답했습니다. 그런데 막상 기념일에 쌤이 고른 선물을 주니까 표정이 안 좋더라고요. 쌤은 큰 인형을 선물했는데, 여자친구는 자기는 커플링이 받고 싶었다면서 센스가 없다면서 뭐라고 하더군요. 쌤과 여자친구는 서로 상대방을 탓하며 기념일을 망쳤습니다. 처음부터 반지를 받고 싶다고 말했으면, 원하는 선물을 받았을 텐데 말이지요.

　여러분이 볼 때는 누구의 잘못인 것 같나요? 그때는 몰랐어요. 이 일이 정치 참여의 중요성과 이렇게 큰 관련이 있을 줄은 말이에요.

　생각해 보세요. 서로 사랑하는 사람도 자신의 마음을 이야기하지 않으면 상대방이 알 수 없어요. 그런데 지역의 대표가 지역 주민들의 마음을 자기 마음처럼 헤아려 줄 수 있을까요? 대통령과 국회 의원이 표현하지 않은 국민들의 마음을 알 수 있을까요? 당연히 모르는 거예요. 그래서 사회의 구성원들은 대표에게 자신의 의견을 정확히 표현해야 하는 겁니다. 그래야만 구성원들이 원하는 정책을 수립하고 결정하고 집행할 수 있을 테니까요.

　주민들이 지방 정부와 지방 의회에 어린이 도서관이 필요하다고 자신의 의견을 표시해야, 지방 정부와 지방 의회에서 어린이 도서관을 지어 줄 거예요. 저절로 알아서 해 주는 일은 사회에서는 없답니다. 해 주고 싶어도 무엇이 필요한지 알 수가 없거든요.

　사회의 구성원들이 자신들의 의견이 정책에 반영될 수 있도록 적극적으로 의사를 표시하는 것을 우리는 정치 참여라고 부른답니다.

　그럼 정치 참여 방법에는 무엇이 있을까요? 가장 대표적이고 일반적인 방법은 선거입니다. 선거를 통해 의견을 나타낼 수 있지요.

　○○시 시장 선거를 생각해 볼까요? 많은 후보들이 선거 공약을 내세우면서 시장 선거에 참여합니다. A후보는 당선되면 어린이 도서관을 짓겠다고 하고, B후보는 당선되면 주차장을 늘리겠다고 공약을 내세우지요. 선거에 참여하여 자신이 원하는 공약을 내세우는 후보를 지지하고, 또 투표하는 것이 바로 정치 참여예요. 앞에서 든 예처럼, 대다수의 ○○시 시민들이 어린이 도서관을 원하지만 선거에 참여하지 않아 B후보가 당선된다면, B후보는 당연히 ○○시의 주민들이 주차장을 원한다고 생각하겠지요.

　선거에 참여하는 것이 얼마나 중요한 일인지 이해가 되나요? 혹시 여러분 주변에 선거에 참여하는 것을 귀찮아하는 어른이 있다면 선거의 중요성에 대해 꼭 알려 주세요.

　이외에도 사람들이 정치에 참여할 수 있는 방법에는 인터넷이나 신문

사, 방송국과 같은 언론 매체에 자신의 의견을 나타내는 방법이나 국가 기관에 직접 의견을 내는 방법(민원 신청)도 있어요. 또한 시민 단체나 정당에 가입하여 정치 활동을 할 수도 있고, 합법적인 시위를 통해서 자신의 의견을 표현할 수도 있답니다.

지금까지 초등학교 사회 교과서에서 다루는 주제들로 쌤과 함께 이야기를 나눠 봤습니다. 벌써 끝이라니 정말 아쉽네요. 이 책을 통해서 세상에 흥미를 갖고 더 나은 미래를 꿈꾸는 여러분이 되길 바라겠습니다!

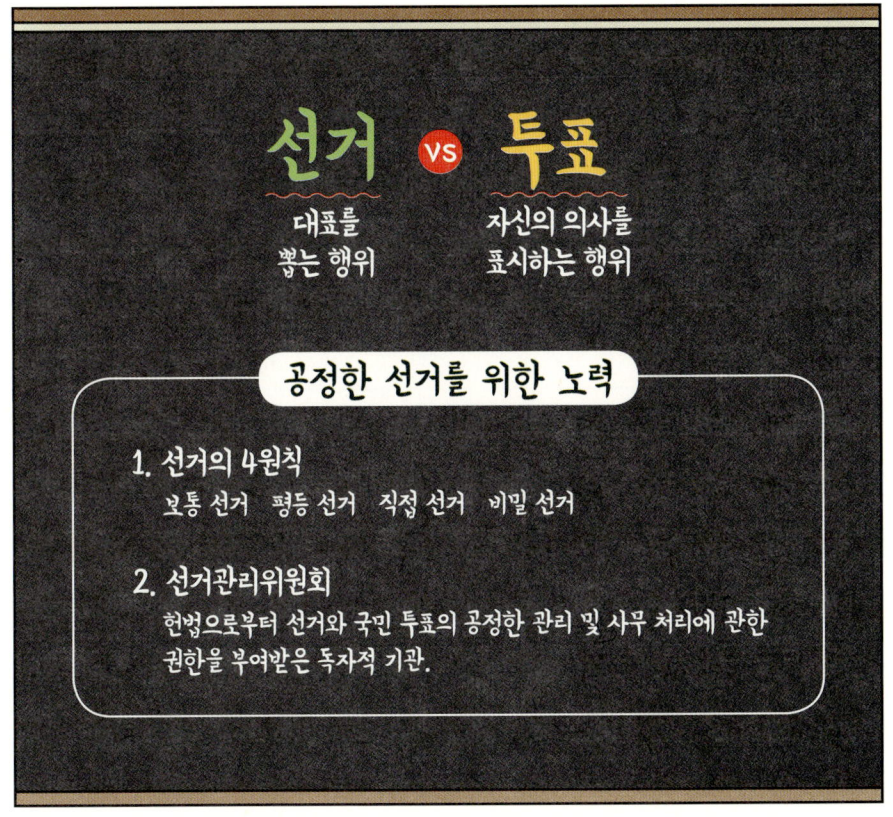

부록 | 핵심 노트

자연환경	인문환경
(인간의 의지 반영 X)	인간이 만든 환경 (인간의 의지 반영 O)
지형 땅의 형태 (모양) (산, 들, 강, 바다 등) **기후** 오랜 기간 평균적인 공기의 상태 (기온과 강수량)	**교통** 사람과 물자의 이동 (KTX, 배, 비행기) **통신** 소식과 정보의 이동 (인터넷, 스마트폰) **산업** 재화와 서비스의 생산 활동 (1차, 2차, 3차 산업)

촌락 	도시
인구가 적다	자연환경과 상관없이 인구 5만 명 이상이면 도시 2차, 3차 산업이 발달
촌락 문제 빈집 증가, 폐교 증가, 일손 부족, 인구 고령화 현상	**도시 문제** 주택 부족, 집값 상승, 교통 혼잡, 주차장 부족, 일자리 부족

위치 — 무엇이 어디에 있는지를 나타내는 것

우리나라의 위치

- **지리적 위치** (대륙과 해양): 아시아 대륙의 동쪽 끝에 있는 한반도에 있고, 태평양과 접해 있다.
- **수리적 위치** (위도와 경도): 북위 33~43도, 동경 124~132도
- **관계적 위치** (주변 국가): 중국의 동쪽, 일본의 서쪽, 러시아의 남쪽

지도 — 실제 땅 위의 모습을 일정한 비율로 줄여 나타낸 그림

지도의 3요소

 축척: 실제 거리를 일정한 비율로 줄인 정도
1 : 25,000 / 1 : 50,000

 기호: 땅 위의 모습을 일정하게 표현하기로 한 약속

 방위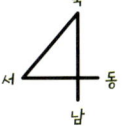

지도의 높낮이 표현 방법

 색깔: 초록 → 노랑 → 갈색 → 고동색 (높이↑)

 등고선: 평균 해수면을 기준으로 같은 높이의 지점을 연결한 선
(간격이 넓을수록 경사 완만, 간격이 좁으면 경사가 급하다.)

국토 — 한 나라의 주권이 미치는 범위

- **영토(땅)**: 한반도와 부속 도서
- **영해(바다)**: 기선으로부터 12해리
  (동해-통상 기선 / 서해, 남해-직선 기선)
- **영공(하늘)**: 영토와 영해의 상공

우리나라의 해안 지형

	동해안	서해안
해안선	단조롭다	단조롭다
수심	깊다	깊다
조차	작다	작다
발달 지형	모래사장	모래사장

기온

- **한대**: 농사X, 기온↓, 이누이트족
- **냉대**: 벼농사X, 밭농사 가능
- **온대**: 인간 거주에 적합한 온화한 기후, 벼농사 가능 (계절풍, 온대해양성, 지중해성)
- **열대**: 벼농사 1년에 2~3회 가능

강수량

- **건조 기후**: 농사 불가능 (500mm → 농사의 기준)
- **사막** (100~250mm) 식물X → 인간 거주 불가
- **스텝** (250~500mm) 농사X, 식물 O → 유목 생활

우리나라 기온의 특징

1. 남쪽이 북쪽보다 기온이 높다. (위도의 차이)
2. 겨울철에 같은 위도에 위치한 동해안이 서해안보다 따뜻하다.
   (→ 태백산맥이 차가운 북서계절풍을 막아 주고 동해의 깊은 수심과 난류의 영향이 있기 때문)

경제 활동

1. 인간의 생활에 필요한
2. 재화와 서비스를
3. 생산하거나 소비하거나 매매하는 것 혹은 이와 관련된 모든 활동을 말한다!

경제 활동

(형태 O, 물건)
(형태 X, ex 선생님의 수업, 의사의 진료, 연예인의 공연)

인간의 생활에 필요한 **재화**와 **서비스**를
생산 **소비** 매매하는 것과 관련된 모든 활동

- 소비: (재화나 서비스의 가치를 사용하는 것)
- 생산: (재화나 서비스를 만드는 것)

↓

경제 문제
선택의 문제

- **돈과 자원의 희소성** — 원인
- **현명한 선택** — 해결 방법
  - 기회비용 발생

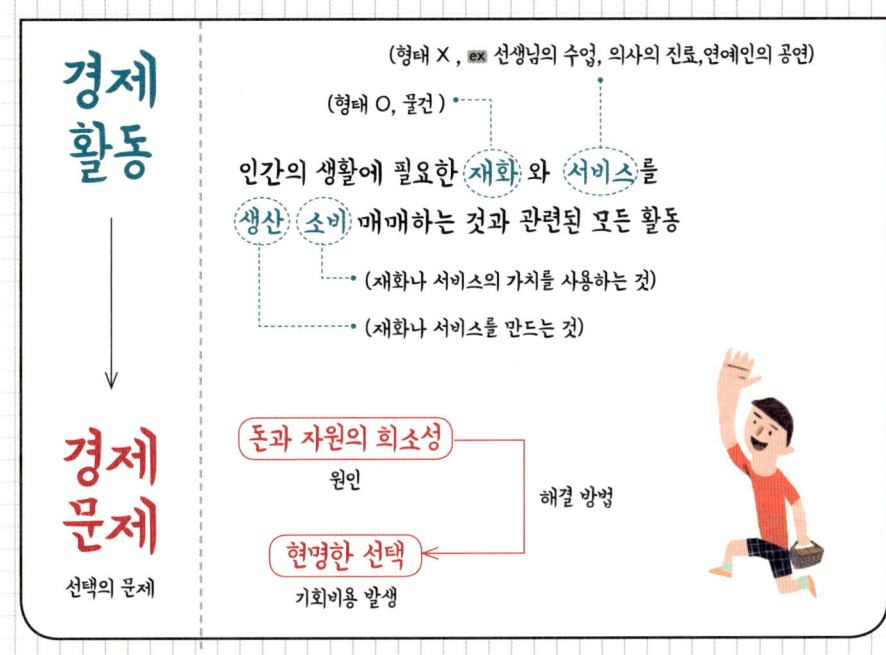

경제 체제의 변화

중상주의 ➡	시장 경제 체제 ➡	혼합 경제 체제
신분에 따른 불평등 → 생존의 문제 해결 실패	재산에 따른 불평등 → 빈곤, 실업, 빈부 격차, 환경 오염 발생	경제 문제 → 원칙은 시장 + 정부 개입 가능

산업의 종류

- **1차 산업**: 자연에서 직접 얻는 산업 - 농업, 어업, 임업
- **2차 산업**: 인간의 생활에 필요한 것을 만드는 산업 - 제조업
  - 경공업: 노동력의 비중이 큰 공업 - 식품, 섬유, 잡화
  - 중화학공업: 자본과 기술의 비중이 큰 공업
    - 철강, 조선, 석유 화학
- **3차 산업**: 사람들에게 즐거움이나 만족감을 주는 산업 - 서비스업

정치 사람들 사이에서 발생하는 갈등이나 다툼을 조정하고 공동의 문제를 해결하는 과정

민주주의의 기본 원리
1. 국민 주권의 원리   2. 국민 자치의 원리   3. 입헌주의의 원리
4. 권력 분립의 원리   5. 다수결의 원리

지방 자치 제도
지역에서 문제가 발생했을 때 지역 주민과 주민들이 선출한 대표가 스스로 지역의 문제를 해결하는 것.
= 풀뿌리 민주주의

지방 자치 단체
지역 주민들에 의해 선출된 대표들이 지역의 문제를 해결해 나가는 곳.

선거
대표를 뽑는 행위

투표
자신의 의사를 표시하는 행위

선거의 4원칙
보통 선거, 평등 선거, 직접 선거, 비밀 선거

모두 정말 수고 많았어요!